あそびの中の学びが未来を開く

# 幼児教育から小学校教育への接続

田澤里喜　吉永安里／編著

# 3 章　小学校教育の実践例…………75

# はじめに

　大学の授業で、小学校教諭の免許状取得を希望する学生に「小学校入学までに育んでほしいチカラって何?」と聞くことがあります。多くの学生の答えは納得できるものなのですが、時々「45分(授業時間)、座っていられる力を身につけておいてほしい」と言われることがあります。学生には「45分座っていられるような授業をしてね」と返します。

　45分座っていられるチカラは確かに必要なものなのかもしれません。しかし、そのチカラが我慢を中心とするものであるとしたら、子ども達に「勉強は大変だから我慢して座っていなければならないよ」というメッセージを伝えていることになり、それでは子どもはかわいそうですし、育つこともないでしょう。

　勉強は楽しいものです。新しいことを知ることができるし、自分自身で考えたり、友達と一緒に試してみたりすることもできる、とてもわくわくするものなのです。そうであれば、「45分座っていられるチカラ」とは、楽しんだり、わくわくしたりすることになるはずです。

　幼児期に自らいろいろなことに対して「どうなってるの?」「やってみようよ!」と興味や疑問を持ち、自分なりに試行錯誤していた子ども達であれば、きっと身についているはずです。まさにあそびのなかで見られる姿ですから……。

　本書は、そんな自発的でわくわくしながら試行錯誤している就学前施設のあそびの事例と、「おもしろい!」と児童が思い「45分の授業時間なんてあっという間!」と感じる小学校の授業の事例を掲載したものです。

　教育とは「人の話を聞くことができるヒト」を育てることではありません。もちろん、人の話を聞くことは大事ですが、それ以上に大切なのは、「自分で考えて歩むヒト」を育てることではないでしょうか。もし、考えてもわからなかったら他者と協同すればいいし、なによりも考えることを楽しいと感じるのが一番です。

　幼稚園、保育園等では自発的活動としてのあそびを通してその根っこをつくります。そして、その学びをさらに小学校で伸ばすのです。そうであれば、就学前施設は小学校の予備校になるのではなく、就学前施設と小学校は、ともに子どもが育つ場として協同していくことが大事です。

　2020年から、小学校では新しい学習指導要領がスタートします。それにより、これからもっと、保育・幼児教育と小学校教育の垣根が低くなるはずです。本書がその架け橋になることを願っています。

田澤里喜

# 1章

## 変わる幼児教育、変わる小学校教育

# 乳幼児期の大切な育ち

## 乳幼児期特有の育ち

　本書の幼児教育の実践事例の最後のページでは、幼稚園教育要領、保育所保育指針、幼保連携型認定こども園教育・保育要領（以下、幼児教育の3法令とする）などで示されている「幼児期の終わりまでに育ってほしい姿」（10の姿）を参照しながら、それぞれの実践事例を書いた先生方に保育の振り返りをしていただいています。ここでは、この10の姿をもとに、乳幼児期特有の大切な育ちについて考えてみましょう。

　幼稚園教育要領の改訂前に出された文部科学省中教審の「幼児教育部会における審議の取りまとめ」（2016年8月）の資料として示された図1-1を見てみると、10の姿の背景にオレンジ色のグラデーションがデザインされています。

　このデザインのように、10の姿はじんわりと現れ出るものです。卒園間際に急に現れる姿ではありません。入園してからのいろいろな出来事や体験が積み重なって、じんわりとした姿で現れるイメージです。また、10の姿全部がオレンジのグラデーションでつながっているのは、一つひとつの姿は別々に育つものではないことを示しています。

　さらに、10の姿は「育ってほしい姿」で方向性を示しています。到達目標でも、幼児期に必ず育てなければならないものでもありません。このことを念頭に置いて、乳幼児期に育つ力について考えてみましょう。「数量や図形、標識や文字などへの関心・感覚」を例にとると、要領、指針では次のように説明しています。

　「遊びや生活の中で、数量や図形、標識や文字などに親しむ体験を重ねたり、標識や文字の役割に気付いたりし、自らの必要感に基づきこれ

らを活用し、興味や関心、感覚をもつようになる。」

　「興味や関心、感覚をもつようになる」のですから、書けたり、簡単な計算ができたりするような目に見える姿がゴールではないことがわかっていただけるでしょう。このように、乳幼児期に育つ力の大半は目に見えない力です。けれど、この見えない力は生きる上での根っこになるものです。例にあげた「興味、関心、感覚」も、どれも目には見えないけれど、生きる上で欠かすことができない力です。こういった「目に見えない、生きるための根っこづくり」が乳幼児期に育みたい大切なものの一つなのです。

　ちなみに10の姿それぞれの説明の文末はすべて「ようになる」となっています。例えば、先の文章の文末が「興味や関心、感覚をもつ」と断定して書かれていれば、そういう姿にならなければならない、しなければならない、と解釈する人もいるかもしれません。また、断定してあったら、そうならなかった子がいた場合、「できない子」というレッテルを貼られてしまう可能性があります。そうならないために「ようになる」という表現で方向性を示しているのです。

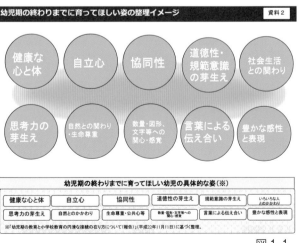

図1-1

## 10の姿の意味するもの

　もうひとつ、「幼児期の終わりまでに育って
ほしい姿」が10あるのはなぜか考えてみましょ
う。この図を初めて見て、項目が「多い」と思っ
た方は少なくないと思います。けれど幼児期の
終わり頃には子ども達は様々な成長を遂げてい
ます。おそらく10の姿だけでは足りないくら
い……。そうであるとすれば、10の姿はけっ
して多いわけではなく、子どもの成長の多様性
を表しているのだと解釈することもできるでしょ
う。

　本書22ページからの「インコ会とハシビロコ
ウ会議」の実践事例について、担任の保育者と
10の姿を中心にしたウェッブを作って振り返っ
てみました（図1-2）。ウェッブとは「クモの巣」
という意味で、アイデアをたくさん出したり、
たくさんの要素を分類するときにとても有効です。

　このウェッブを作りながら、あそびの中で子
ども達の様々な姿が現れていたことに気付きま
した。視点を変えれば、もっとたくさんの姿に
気づくことができるかもしれません。

　ひとつのあそびだけでもこれだけの姿が見ら
れたのです。子ども達は毎日の園生活で様々な
体験を重ねています。それがどれほど多様な育
ちにつながっているかは容易に理解できるでしょ
う。

　では、その多様な育ちは園生活のどんな場面
で見られるのでしょうか。ウェッブが示すとおり、
あそんでいるときが一番です。多様な育ちを保
障する上でも、乳幼児期はあそびを通しての指
導が大切になります。

　人生の根っこである乳幼児期の大切な育ちを
支えるためには、保育者が教え込むのではなく、
子ども達の「やりたい！」「どうなってるの？」「やっ
てみよう！」「どうして？」という気持ちが徐々
に深まっていくような環境を作ることが大事です。
子どもだけでなく大人もそうですが、「させられる」

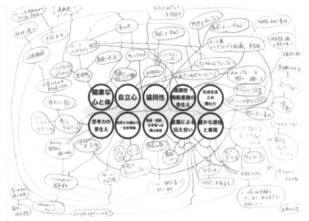

図1-2

ことよりも「したい！」という思いを持って取
り組んだことの方が学習効果が高いのです。

　本書の実践例には、子どもたちの「したい！」
という気持ちを大切にし、それがもっと広がる
ように、子どもも保育者も一緒になってわくわ
くしながら考えたり、試したりしたプロセスが
綴られています。人生に大切な根っこは、この
ようにわくわくしながら生活するうちに、気が
付いたら育っているものなのかもしれません。

　幼児教育の実践例を提供していただいた先生
方に10の姿をもとに保育を振り返ってもらった
意図は2つありました。1つは、実践していた
だいた先生自身に、子ども達の目に見えない多
様な育ちに気付いてほしかったからです。もう
1つは本書の読者の方に子ども達の「目に見えな
い育ちの姿」をわかりやすく示したいと考えた
からです。10の姿の各項目を色の濃淡で示して
いますが、これは実践した先生方が子ども達の
育ちの姿をどう感じたかを表しています。です
から子ども一人ひとりに目を向ければ、その見
え方は当然変わります。また、色の濃淡だけでは、
育ちの詳細までは判断できません。だからこそ
本書の実践事例を各園の園内研修などの場で10
の姿をもとに振り返ることで子どもの多様な姿
にあらためて気付くかもしれませんし、それをきっ
かけにより深い子ども理解と保育の質の向上へ
の一助になるでしょう。　　　　　　　（田澤）

# あ そ び の 中 の 学 び と は ？

**「幼児期において育みたい資質・能力」**

　幼児教育の３法令では、「幼児期の終わりまでに育ってほしい姿」（10の姿）を次のように説明しています。幼稚園、保育所、認定こども園で文言がそれぞれ異なりますが、内容は同一なので、ここでは幼稚園教育要領を例に示します。

　「次に示す『幼児期の終わりまでに育ってほしい姿』は，第２章に示すねらい及び内容に基づく活動全体を通して資質・能力が育まれている幼児の幼稚園修了時の具体的な姿であり，教師が指導を行う際に考慮するものである。」

　ここに書かれている「資質・能力」は、幼稚園、保育所、認定こども園だけでなく、小、中、高と一貫して育むものとして位置づけられています（詳しくは本書10ページ・「小学校が変わる？」をご覧ください）。また中教審の「幼児教育部会

における審議の取りまとめ」では資質・能力を図1-3のように示しています。

　幼児教育は、小学校以上の教育とは異なるので、資質・能力の３つの柱も、育む方法も異なります。

　その一番の違いは３円が重なり合い、両矢印で示されているとおり、それぞれを系列立てて育てるものではなく、順序性もなく、渾然一体となって育まれていくものであるということです。それはまさしくあそびの中の育ちや学びそのものです。だからこそ、図の中心に「遊びを通しての総合的な指導」とあるのです。

　本書の幼児教育の実践例を読んだ後、改めて図1-3をご覧ください。実践例の中で、子ども達は「規則性、法則性、関連性等の発見」や様々な気づきを喜んでいませんでしたか。思いやりや、

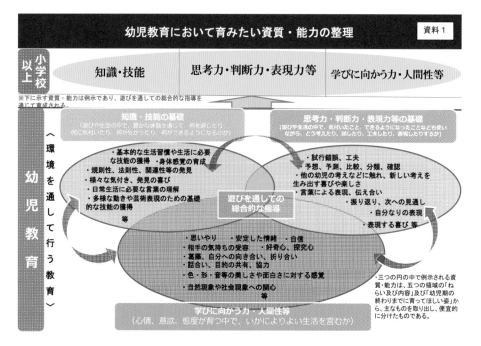

図1-3

好奇心、探究心も様々な場面で発揮されていましたね。そしてどの事例でも試行錯誤や工夫する姿、他の幼児の考えに触れ、新しい考えを生み出していく姿がありました。

　様々なあそびを経験する中から「知識・技能の基礎」「思考力・判断力・表現力等の基礎」「学びに向かう力・人間性等」が育まれていきます。そして、卒園近くなると10の姿が現れ出て、その姿は小学校へとつながっていくのです。

　資質・能力を育むあそびは、シンプルに「楽しい」ということが一番大事なのだと思います。もちろん、あそびは楽しいだけではありません。時にうまくいかず悔しい思いをしたり、けんかをしていやな思いもします。でもそれを乗り越えたところにあるあそびの楽しさを、子ども達は知っているのです。

## なぜ「あそび」なのか？

　なぜ、「あそびは楽しい」が大切なのか。それは、「どう人生を歩んでいくか」という大きな課題の根っこになるからです。人は誰も人生を楽しく過ごしていきたいと考えます。人生は楽しいことばかりではありませんが、辛いときでも、それまで楽しい経験をたくさんしてきた人は、「きっとまた楽しいこともあるはず」と思えるでしょう。辛い経験しかしてこなかったら、こうは思えません。だからこそ、人生の根っこを作る時期である乳幼児期には、楽しいと思える経験をたくさんしてほしいのです。

　前にも書きましたが「させられる」より「したい！」が人を育てます。楽しくポジティブに取り組めるのがあそびです。だからこそ、あそびは学びであり、育ちなのです。乳幼児期にあそびの中で育まれてきた資質・能力は小学校でさらに伸びて、楽しい人生のスタートを飾ることへとつながっていきます。

　就学前施設は小学校の予備校ではありません。

小学校の授業に役立てるために幼児教育があるわけでもありません。子どもの育ちの連続性を考えたとき、保幼小の接続はとても重要です。しかし小学校の予備校ではないので、その接続は、次に困らないようにするための接続ではなく、今の育ち（幼児期のあそびの中の育ち）を次（小学校）も理解し、さらに伸ばすための接続ということです。

　従来はこの接続がうまくいかないことが多かったのですが、現在は幼児教育も小学校も変わってきています。そうした時流を本書から感じ、変革のきっかけとしていただくことを期待しています。

（田澤）

# 小学校が変わる？

## 「学校段階等間の接続」

　幼児教育の3法令と同時に、小学校学習指導要領も改訂されました。新しい小学校学習指導要領は何を求めていて、小学校はこれからどのように変わっていくのでしょうか。

　今回の改訂のポイントの一つが、「学校段階等間の接続」です。幼児教育から小学校、小学校から中学校、そして中学校から高等学校へと一貫して資質・能力を育んでいくために、それぞれの接続を円滑にしよう、ということです。つまり幼児期は、その基礎を築くとても大切な時期なのです。そして小学校では、幼児教育を通して育まれた資質・能力を踏まえて、子どもが主体的に自己発揮できるような環境を整えていくことが求められています。

　幼児期の子ども達の資質・能力が十分に育まれていることを前提に、幼児教育からの連続性や一貫性を大切にした小学校入門期のカリキュラムを、「スタートカリキュラム」と呼びます。小学校学習指導要領解説には「幼児期の遊びを通じた総合的な指導を通じて育まれてきたことが、各教科等における学習に円滑に接続されるよう」にスタートカリキュラムを編成するようにと書かれています。幼児教育に求められているのは、平仮名や計算、英語の学習などをする小学校の前倒し指導ではなく、これまで通り幼児教育において大切にされてきた、子ども達の自発的なあそびを通じた総合的な指導なのです。

## 「合科的・関連的な指導」

　一方、小学校には、生活科を中心とした「合科的・関連的な指導」が求められています。これまでの小学校では、言葉については国語の時間、数や図形の学習は算数、と教科ごとに分けて指導していました。それを、子どもの思いや活動のつながり、指導内容や目標の共通性によって様々な教科をつなげた大きな単元を計画したり、ある教科で学ぶ内容を他の教科の学習と関連づけたりして、より総合的に指導していくことを積極的に考えていこうということです。

　合科的な指導とは、一つの大きな目標を立てて、その目標に関わる様々な教科を組み合わせて指導することです。たとえば入学後、「がっこうがだいすき」な子ども達になってほしいという目標を立てたならば、自分のことを知ってもらうために自分の好きなあそびを絵に描く図画工作の時間、その絵を使って自己紹介し合う国語の時間、学校のことを知るために学校探検をす

る生活科の時間、学校探検で見つけた色々なものを数えてみる算数の時間、校庭の遊具であそびながら体を動かす体育の時間など、「がっこうがだいすき」になるような各教科のさまざまな活動を組み合わせる指導のことを指します。また、関連的な指導とは、一つの教科の目標を中心にして、その目標を達成するために他教科での学習をさまざまに関連させて指導することです。本書の井上教諭のサイコロトークの事例（102ページ〜）がまさに関連的な指導といえます。井上教諭は「自分の好きな○○」について語り合う国語の単元を考え、「自分と好きなもの・人・こととのつながりを言語化することを通して、自分の好きな○○に対する思いを発見することができる」という目標を立てています。好きなもの・人・ことについて考えを深めたり、話しあったりする活動は国語の時間として設定し、好きなもの・人・ことをサイコロという形や絵で表現する活動は図画工作の時間として設定しています。国語の目標が楽しく、確実に達成されるように、国語の学習と図画工作の学習を関連させて指導しているのです。井上教諭の事例は3年生ですが、合科的・関連的な指導はスタートカリキュラムや低学年に限らず、中学年以降も指導の効果を高めるため大切にしていきたいことです。

## 「弾力的な時間割」

　また、今回の改訂では、従来の45分間の固定の時間割ではなく、活動や子どもの実態に合わせて「弾力的な時間割」も設定できるようになりました。たとえば、読み聞かせを15分間国語の時間として取り、その後図画工作で15分間自画像を描く。その後、その自画像を使って15分間、班で自己紹介をする国語の時間を設けるなど、45分を弾力的に使うことができるのです。

　幼児期の5領域があそびを通して総合的に指導されるのと同じように、小学校の教科学習等についても、教科ごとに指導することにこだわるのではなく、子どもの関心や経験、教師の子どもへの願いを中心にして、総合的に弾力的に指導していくこと、そして、その指導の中で、さらに子どもが主体的に伸び伸び自己発揮できる活動を工夫することが求められているのです。まさに、これまで幼児教育が大切にしてきたことです。つまり、小学校が、幼児教育に学ぶ、ということです。

　子どもの育ちや学びに合った環境や活動、時間の流れの中で子どもが主体的に学ぶことを重視するようになった小学校教育の改革に伴って、幼児期の教育も、あらためてその本質は何であったか、振り返り、見極める時にきているのです。

（吉永）

# 幼児教育と小学校教育の違いとつながり

## プロセスとしての資質・能力

　幼児教育と小学校教育は、どんなところが違い、またどんなところにつながりがあるのでしょう。

　幼児教育と小学校以上の教育において一貫して資質・能力を育成することが求められるようになったことは先に述べたとおりですが、その考え方には違いがあります。

　幼児期に育むのはプロセスとしての資質・能力です。あそびを展開する過程において、気付いたり、できるようになったりしていくこと、試行錯誤や創意工夫すること、またそうしたことに粘り強く取り組もうとする力を育むことが大切なのです。

　一方小学校では、プロセスではなく何かができる、わかるという結果としての資質・能力の育成が求められます。しかし、資質・能力の考え方が小学校入学時に突然切り替わるわけではなく、生活科は幼児期の資質・能力の考え方との連続性を尊重して、活動や体験の中での気付きのプロセスを大切にしています。小学校低学年で、幼児期の教育からの連続性を重視する生活科を中心に各教科の学習をつなげていくことで、徐々に小学校の資質・能力の考え方に移行させているのです。

## 学びに対する「自覚性」

　また、子どもの学びに対する「自覚性」の違いもあります。幼児期には、子どもは自分のしたいあそびを楽しむ中で、何を学んでいるかはっきりと自覚しないまま、たくさんのことを学んでいます。子どもは無自覚でも、保育者が子ども一人一人の学びの方向性を見取り、その育ちのプロセスを評価しているわけです。一方小学校では、各教科の目標と内容に照らし合わせて、どのような資質・能力を育むのか、子どもの実態に即してではありますが、教師の側にまずねらいがあるわけです。それを子ども達に示し、子ども自身もそのねらいに向かって自覚的に学習を進めていくことになります。ただこれも、幼児期の無自覚な学びから小学校の自覚的な学びに、急に切り替わるわけではありません。自覚性は幼児期から徐々に芽生えてくるものなのです。幼児期後半になると、一人一人のあそびにも「こんな風にしてみたい」という目的意識が見えてきたり、友達と一緒に共通の目的に向かって活動したいという気持ちが芽生えてきたりします。そんな時、保育者が、どんなことがしたいのか（目的意識）、そこに向かってどんなことを準備したり考えたりしたらよいのか（計画）を、子ども達が話し合える機会を設けたり、時にはホワイトボードや模造紙などに絵や文字を使って書き残したりしておけるようにすると、そうした援助が子ども達の自覚性を支え、促していくことになるのです。

　　　　　　　　　　　　　　　　（吉永）

# 2章

## 幼児教育の実践例

# 菜の花から油を取りたい！

「菜の花から油取れるんだよな」「作ってみたいなあ」。散歩の途中で菜の花を見つけたS男がつぶやきました。
それをきっかけに、種から油を取るための子ども達の試行錯誤は、1年近く繰り広げられました。

**あそびの
きっかけ**

## 「菜種から油ができる！？」
（4月上旬）

すべては「種から油を作ってみたいな」というS男のつぶやきから

散歩をした日の帰りの会で、担任は「菜の花から油を取りたい」S男の思いをクラスのみんなに伝えました。子ども達からの反応は薄く、誰も関心を持っていないように感じました。ところが翌日の朝の会で、Y子が「菜の花から油を作る方法を調べてきました。菜の花は、菜種から油を作ります」と発表しました。その瞬間、子ども達からは「どうやって種が油になるの？」という疑問の声が上がり、その日から毎日、散歩中に菜の花を見つけては「どこに種があるの？」と菜種探しが始まりました。

調べてきたことを発表するY子

**あそびの
ひろがり
1**

## 「菜の花畑に行こう」
（4月中旬～下旬）

毎日のように菜の花を観察しても菜種を見つけることはできませんでした。そこで、菜の花畑に行き、菜の花を栽培している人と交流する機会をつくりました。「菜種はどこにあるの？」、子ども達が質問すると「菜の花が枯れてカラカラになった後のサヤに種がつくんだよ」と教えてくれました。本物の種を少し分けてもらうこともできました。

菜の花の種はどこにあるのかな？

## 「菜種から油を作ろう！」（4月下旬）

菜の花畑に行った翌日、頂いた菜種で初めて油作りに挑戦しました。ところが一滴も油は取れず、種は黄色い粉状になってしまいました。

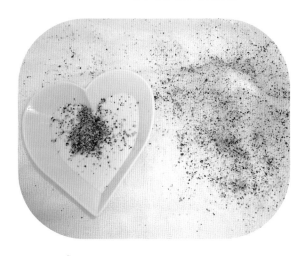

残念、油作りは失敗！

## 「菜種油工場を見学に行く」（5月上旬）

油作りのヒントになればと思い、菜の花畑に隣接していた菜種油工場に見学に行きました。実際に油を搾る機械を見ながら油作りのポイントを教えてもらい、菜種を分けていただきました。菜種油工場の機械を見たＹ子は、油を取るためには機械が必要だと気付き、油を搾る機械について調べてきました。そこで、近くのホームセンターへ、油搾りに適した道具を探しに行くことにしました。すると鉄の棒を選ぶ子とジューサーを選ぶ子がいたので、どちらも買って試してみることにしました。

菜種油工場で搾油機を見学

ホームセンターでジューサーを購入

「油が出た～！」と大興奮

## 「油ができた！」
## （5月下旬）

菜種油工場の人のアドバイスを思い出しながら、鉄の棒とジューサーを使っていざ油搾り。じわっと油のようなものが染み出てきました。取れた油の量はわずかでしたが「この油で唐揚げを作りたい！」と、子ども達には次の目標ができました。

この油を貯めて、唐揚げを作りたい！

## 「花からも油ができる!?　アロマオイル作り」（7月上旬）

夏休みに北海道に行ったY子がお土産にラベンダー油を持って来ました。「お花からも油が作れるの？」。今まで油作りにさほど関心がなかった女児を中心に、アロマオイル作りに挑戦。おつきあいのある花屋さんで、一番いい香りのするバラを選び、菜種油と同様の方法で搾ってみました。けれど臭い液体になるだけで、アロマオイルを作ることはできませんでした（その後アロマオイル店に協力していただき、果汁でアロマオイルを作る方法を子ども達が考え、果物アロマ作りに発展しました）。

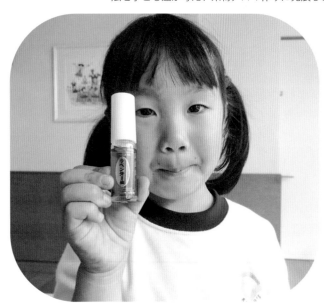

北海道のお土産のラベンダー油

バラの花びらを1枚ずつばらばらに

## 「油になってない！？」（7月中旬）

再び菜種油工場に行き、大量の菜種をもらうことができました。日々油搾りに精を出し、一か月後にはかなりの量になりました。いよいよ、唐揚げを揚げることになりました。子ども達が搾った油を熱したフライパンに注ぐと、「シューッ」と水が蒸発するような音がしました。その中に鶏肉を入れてみたものの、鶏肉が揚がる様子は見られませんでした。子ども達も保育者もこの時初めて、今まで作ってきた油が本物の油ではなかったことに気が付きました。

3か月間取り貯めてきた油

油に鶏肉を入れた瞬間、不安げになる子ども達

## 「搾油機を作ろう」（7月下旬〜）

油作りが失敗した原因を、子ども達は「水分が多すぎたからかもしれない」「ジューサーはジュースを作る機械だから水が出るんだ」と考えました。油の絵本に搾油機が載っているのを見つけ、作ってみようということになりました。ホームセンターで木の板やジャッキを買ってくると、本を参考に組み立て方や構造を考え、試行錯誤しながら搾油機作りを続けました。

絵本を見ながら搾油機に必要なものをリストアップ

みんなで協力して搾油機を組み立てる

## 「オリーブオイル」（9月上旬）

保育者が沖縄旅行で買って来たオリーブオイルを子ども達が嗅ぐと、「臭い！」と大不評でした。でもパスタにかけて食べたら「おいしい！」。オリーブオイルに興味を持ち、オリーブについて調べてくる子どもが出てきました。家から持って来たオイル漬けのオリーブからペットボトルのろ過装置を使ってオリーブオイルを抽出します。けれど3回試しても失敗ばかり。調べた結果、オリーブオイルは生のオリーブからしか取れないことがわかりました。保護者の協力で、生のオリーブを1kg手に入れることができました。オリーブの実を乾燥させた後、プラスチックの保存袋に入れ1時間半揉み続けた後ろ過し、再度保存袋に入れて30分揉むと、油のようなものが浮き出てきました。そこでもう一度ろ過してみると、10cc程度の油を取り出すことに成功！　苦労した分、子ども達の達成感は大きいものでした。

保存袋に入ったオリーブをひたすら揉み続ける

少し油が出てきた！

オリーブオイルが取れた！

## 「石鹸作り」（10月下旬）

「オリーブオイル石鹸があるんだって」。S子がクラスのみんなに伝えると、子ども達は今度は石鹸作りに夢中になっていきました。絵の具やクレヨンで着色しても、きれいな色の石鹸にはなりません。そこで、石鹸専門店に聞きに行くと、石鹸の着色は食紅を使っていることを教えてくれました。きれいな色の石鹸だけでは満足できない子は「お母さんが泥パックを使ってたから」と、公園の土を集め、石鹸の材料と混ぜ合わせた泥団子のような石鹸を作りました。

クレヨンで着色しても、きれいにならない

泥石鹸は美容に良いかな？

石鹸屋さんで本物の石鹸を見学

泥石鹸を公園で使ってみる

## 「本物の搾油機で油を取ろう」 （1月上旬）

年が明けても「自分たちで搾った油で唐揚げを作りたい」という子ども達の願いは変わっていませんでした。そこで本物の搾油機を購入しました。菜種は種が小さすぎて搾油機には適していないことがわかり、ピーナッツやかぼちゃの種、ピスタチオ、ヘーゼルナッツ、マカデミアナッツ等、様々な木の実や種で搾油しました。ヘーゼルナッツやマカデミアナッツからはたくさん油が取れたことから、木の実によって含まれている油の量が違うことに子ども達は気付きました。その後2月にマカデミアナッツ油とヘーゼルナッツ油で唐揚げを作り、自分達で搾った油で唐揚げを作るという子ども達の夢は、ついに叶ったのです。

搾油機で初めて取れた油

本物の搾油機を使って油を取る

みんなで搾ったヘーゼルナッツ油（左）と
マカデミアナッツ油（右）

# この実践の中で見られた
# 子ども達の10の姿

健康な
心と体

自立心

協同性

道徳性・
規範意識の
芽生え

社会生活との
関わり

思考力の
芽生え

自然との関わり・
生命尊重

数量や図形、
標識や文字
などへの
関心・感覚

言葉による
伝え合い

豊かな
感性と表現

＊実践の中で見られた子ども達の10の姿を、項目別に表しています。色が濃いほど、子ども集団として、その姿が多く見られたことを示しています。
　全体としての姿なので、子ども一人ひとりに目を向けると、また違った姿が見えてくるでしょう。

## 子どもの
## 興味・関心に
## 沿った保育を

三上祐里枝

　油作りを楽しむ中で、子ども達はいろいろな場面で「上手くいかない経験」や「課題」に直面しました。そしてその度に、あきらめずに「どうしたら上手くいくのか？」考えたり、新しい方法を導き出そうとしたりしていました。上手くいかない経験は、子どもの自立心を育てることがわかりました。また上手くいかなかったときに、原因を追究したり、仮説を立てて考えたりする姿があり、思考力の芽生えにもつながっていると感じました。

　子どもと保育者だけでは解決できない場合、地域の専門家と関わることで、子ども達の疑問が解決したり、新たな刺激を受けたりすることができました。地域の方々との交流で保育の可能性が広がりあそびも豊かになっていきます。お世話になった地域の方々に感謝の気持ちを伝えることで、子ども達が人との関わり方に気付く姿も見られました。

　油の作り方を伝えたり、搾油機を組み立てる過程で意見を出し合うなど、言葉による伝え合いや、道徳性・規範意識の芽生えも見られました。油を作るという共通の目的に向かって試行錯誤を続ける中で、協同性も身に付いていきました。

　子ども達が10の姿を発揮し、必要な資質・能力を獲得するには、子ども達の抱いている興味・関心に沿って日々の保育を進めていくことが大切だと実感しました。

## 子どもの思いを丁寧に受け止める

　菜種油に興味を持ち、試行錯誤し、1年かけて油を自分たちの手で作った子どもたち。きっかけになったのは、Ｓ男くんの「菜の花から油取れるんだよな」「作ってみたいなあ」というつぶやきでした。

　このつぶやきに込められたＳ男くんの思いに共感した保育者が、その思いをクラスのみんなに伝える機会を設けたことで、他の子が家で調べてきたり、種探しが始まったりと、子どもたちの興味関心の歯車が回り始めたのです。

　Ｓ男くんのつぶやきに対して、「そうだね、作れるといいね」と共感だけするのか、思いを大切に受け止めて次のステップを考えるのか。保育者の関わり方であそびの展開は大きく変わります。

　もちろん、子どものつぶやきをすべて拾ったり、広げたりすることは無理ですし、保育者に共感してもらえるだけで子どもはとてもうれしく感じて満足する場合もあります。また、子どもがあまり考えずに発した一言に保育者が過剰に反応しても、子どもは戸惑うだけでしょう。

　だからこそ子どものつぶやきを拾うことは難しいのですが、ふだんから子どもをよく見て子どもをよく理解しようとしていれば、つぶやきに込められた思いを的確に感じ取れるようになることでしょう。

（田澤）

## 子どもと一緒に考え調べる保育者の姿勢

　菜種から始まった疑問が「油」を核にどんどん広がって、菜種油やアロマオイル、オリーブオイル、様々な木の実や種の油とその油を使った唐揚げ作りと、長期にわたって協同的な活動が行われています。疑問に思ったことを試しては失敗し、どうしたらうまくいくか諦めずに考える子ども達の姿には、思考力の芽生えや自立心の育ちが見て取れます。しかし、ここまで長期にわたって子ども達の関心と挑戦が続いたのは、たった一人の小さな興味や疑問も受け流さず真剣に向き合い、時に子どもと共に失敗し、わからないことは子どもと一緒に考え調べる保育者の姿勢があったからでしょう。そうした保育者の支えがあって、子ども達の思考力が発揮され、失敗しても諦めず、粘り強く取り組むことができたのです。

　幼児期の主体的な活動は、小学校とは異なり、活動に先立って到達する目標や目的が決まっているわけではありません。そのため、子どもから芽生えた興味や疑問を大切に育んでいくための保育者の支援が欠かせません。しかし、幼児期に保育者に支えられながら興味や疑問を追求し、解決できたという納得感を味わったり、解決に向けてのプロセスの中で目的意識が芽生えたりする経験を繰り返すことで、小学校で、子ども達が自分で見通しを立て、計画的に活動に取り組めるようになるのです。

（吉永）

東一の江幼稚園（東京都）
田澤里喜　黒澤 藍

# 「インコ会とハシビロコウ会議」

幼稚園に新しいインコが来ました。名前を募集したことをきっかけに、
インコに愛着を持った子どもたちが集まり、自分たちで世話をする「インコ会」が結成されます。
インコ会に刺激されて、ハシビロコウを飼育する「ハシビロコウ会議」というグループも現れました。

**あそびの きっかけ**
## 「インコが園にやってきた」（9月上旬）

だいじに育てようね

対で飼っていたインコの一方が逃げてしまい、鳥小屋に残された1羽は寂しそうです。そこで、インコをもう1羽買うことにしました。どんなインコが良いかは子ども達と図鑑で調べて決め、新しいインコが幼稚園にやってきました。

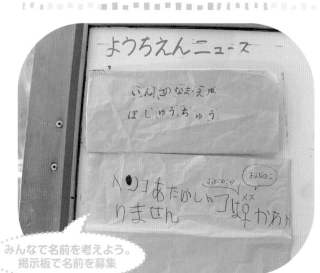

みんなで名前を考えよう。
掲示板で名前を募集

**あそびの ひろがり 1**
## 「インコの名前を考えよう」（9月上旬〜）

新しいインコに興味を持った子ども達は「名前をつけたい！」と思います。今までインコには名前がなかったので、2羽分考えなければなりません。「幼稚園のインコなのに自分達だけで決めちゃっていいの？」。掲示板で名前を募集することにしました。すると、名前の候補がたくさん集まりました。

## 「どの名前が一番人気？インコの名前決定！」（10月上旬）

たくさんの候補を、同じような名前ごとに分けると、候補は3つに絞られました。どれがいいか、気に入った名前にシールを貼ってもらうことにしました。そして、数日後……。たくさん貼られたシールを数えて、一番多かった「レモン」と「ラムネ」に名前が決まりました。

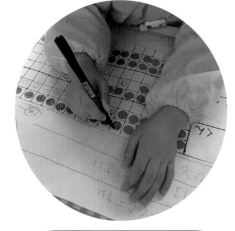

シールを数えて
真剣に集計

## 「インコの世話をしよう〜インコ会結成」（10月中旬〜）

インコは何を食べるの？　オスとメスはどこが違うの？　インコの世話をしたい子ども達は図鑑で調べたり、インコに詳しい理事長先生に話を聞きにいったり。熱心な仲間が集まって「インコ会」というグループが出来ました。保育者は、インコの世話のチェックリストを作ってインコ会の活動を支えます。子ども達はチェックリストで確認しながら、餌をやったり、鳥小屋の掃除をしたりするようになりました。

保育者は子ども達の
活動を目立たぬように
サポート

「理事長先生、教えて……」。
これも問題解決能力

まるで生きているかのように、
ポリ袋のハシビロコウをお世話

## 「ハシビロコウを飼いたい！」（11月頃）

インコ会のメンバーは次第に増え、子ども達は意欲的にインコの世話をしていました。その頃、夏に烏骨鶏が死んでしまい、空いたままになっていた柵の中で「ハシビロコウを飼いたい」という男の子が現れました。しかし、本物のハシビロコウを飼うことは出来ません。そこで、保育者と一緒にハシビロコウを作ることにしました。図鑑を見ながら細かいところまで工夫し、食べ物や生態なども調べました。

## 「ハシビロコウの赤ちゃんが生まれる」（1月頃）

晴れた日は登園するとハシビロコウを柵の中に入れ、帰るときに保育室に戻すことにしていましたが、雨や雪が降る日も多く、なかなか外に出せません。そこで、保育室前の廊下で飼うことにしました。小屋を作り、水場や餌、看板も作ります。その頃には友達もハシビロコウの世話に加わるようになり、インコ会の影響からか、「ハシビロコウ会議」とグループ名がつきました。ある日、小屋で卵が見つかりました。そしてその卵から、赤ちゃんハシビロコウが生まれたのです。

ハシビロコウの
赤ちゃん誕生！

## 「インコ会の引き継ぎと ハシビロコウ～卒園に向けて」 （3月頃）

インコの世話をしていた年長組が卒園を迎えます。その頃、インコ会には年中組の子ども達も参加するようになっていたので、彼らに掃除の仕方やチェックシートの使い方などを引き継ぐことにしました。またハシビロコウの扱いについては、話し合いの結果、一番最初にハシビロコウを作った男の子が、家に持ち帰ることになりました。こうしてインコ会とハシビロコウ会議の活動は一区切りを迎え、5歳児は卒園していきました。

ハシビロコウは、
大事に家に持ち帰る

これからは、
インコのお世話は
私達にお任せ

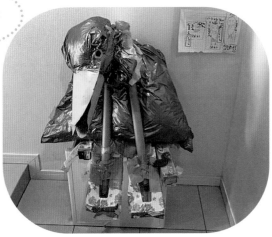

# この実践の中で見られた
# 子ども達の10の姿

健康な
心と体

自立心

協同性

道徳性・
規範意識の
芽生え

社会生活との
関わり

思考力の
芽生え

自然との関わり・
生命尊重

数量や図形、
標識や文字
などへの
関心・感覚

言葉による
伝え合い

豊かな
感性と表現

＊実践の中で見られた子ども達の10の姿を、項目別に表しています。色が濃いほど、子ども集団として、その姿が多く見られたことを示しています。
全体としての姿なので、子ども一人ひとりに目を向けると、また違った姿が見えてくるでしょう。

## あそび込む中でつながり合っていく子ども達の思い

黒澤　藍

「インコ会」が結成されてインコの世話が始まると、1人ではできないことをみんなで協力したり、伝えたいことがあるときはどうしたらいいか考えたり、子ども達は様々なアイデアを生み、それを言葉で伝え合っていました。流れをつかむまでは担任も一緒にインコの世話をしましたが、いつの間にか子ども達だけで行えるようになり、インコへの興味関心も高まっていきました。一人の子の意欲的な行動が他の子ども達への刺激となり、あそびが広がり、深まっていく様子は目を見張るばかりでした。

そして、その刺激はハシビロコウ会議へとつながります。「作ってみたい！」「飼ってみたい」……。年長児らしい自立心にあふれていました。

今回の事例を10の姿で振り返ってみて、10の姿は一つひとつがバラバラなのではなく、他の姿とつながりあっていることがわかりました。それはあそびの中で、子ども一人ひとりの思いが試行錯誤したり、対話をしたりしながら他の子どもの思いとつながりあっているのと同じだと感じました。

あそび込む中で子どもは充実した経験を重ね、様々なことを学んでいきます。改めてあそびの大切さを知りました。

## 「おもしろい」という思いが興味や関心を広げる

　この実践例は私が園長を務める幼稚園での出来事です。「ハシビロコウを飼いたい！」といった男の子がハシビロコウを作り、飼い、そして、卒園式の日に大事に自宅に持ち帰ったことがエピソードのひとつになっていますが、これには後日談があります。

　男の子の母親から聞いた話ですが、彼は小学校でちょっと不安なことがあるときには、玄関にいるハシビロコウの頭をたたいてから登校したり、国語の授業の短文を書く課題ではハシビロコウのことを書いたり、学校の劇では鳥の役を演じたりと、ハシビロコウが彼の小学校生活を支える役目を果たしているそうです。

　園でハシビロコウを飼う中では、友達とけんかをすることもありましたが、いろいろなアイデアを実現していく中で、楽しい思い出がとてもたくさんできたのでしょう。楽しいという思いが根っこにあるからこそ、不安があってもハシビロコウと一緒に乗り越えようとするのでしょうし、ハシビロコウが大好きだからこそ文に書いたり、劇の役を演じたりしたのだと思います。

　興味や関心は「おもしろい」と思うところから始まり、「おもしろい」という思いが興味や関心を広げていきます。だからこそ、子どもには「おもしろい」と感じる経験をたくさんしてほしいのです。

（田澤）

## 子どもの想像力と想像の世界を楽しむ姿勢を保障する

　子ども達の生き物への強い関心が、現実のインコをめぐるインコ会と、想像のハシビロコウを大切に思うハシビロコウ会議の活動につながっている、大変ユニークな実践です。現実と虚構の違いはわかっていても、想像の世界もまだ「本当のこと」として楽しめる、なんとも複雑で豊かな幼児期後半の子どもの育ちが見られます。

　インコの活動では、名前募集のための掲示や決定した名前を告知するポスターを書いたり、名前の集計方法を工夫したりと、文字や数への関心がいかんなく発揮され、インコを大事に育てようとする思いが、図鑑を調べたり理事長先生に聞きに行ったりする姿につながっています。そうした本物の生き物へ心を寄せる子ども達の姿が、想像のハシビロコウの活動に飛び火したのでしょう。子ども達は本物のインコと同じように図鑑で食べ物や生態を調べ、大切に世話しています。本物か想像かではなく、子どもの生き物を思う気持ちを大切にする保育者の姿勢があったからこそ、ハシビロコウ会議が卒園まで続き、そして小学校に入っても、その思いが長く続いているのです。

　こうした子どもの想像力と想像の世界を楽しんだり、その世界に時に支えられたりすることを大人が否定せず保障することは、不安定になりがちな幼児教育から小学校への移行期の子どもの心の支えになったり、物語の学習の充実にもつながったりします。想像の世界とわかっていても、登場人物に感情移入して物語の世界を楽しめる、そんな子ども達の姿を小学校でも大切にしたいものです。

（吉永）

# 洋服作りからファッションショーへ

洋服の模様描きからあそびが始まりました。最初は「こんな洋服があったらいいな」と思い思いにデザイン画を描いていた子どもたち。ある日、園長先生に掛けられた言葉をきっかけにどんどんあそびが広がっていきました。

**あそびの
きっかけ**

## 「洋服のデザイン画あそび　〜一人ひとりの理想の洋服〜」
（４月中旬）

「ここは、
ぜんぶ塗るの！！」

細かな模様にもこだわってデザイン

おしゃれな服・かわいいアクセサリーに興味を持っていた子ども達。さらに興味・関心が持てるように洋服の模様描きができる環境を整えました。子ども達一人ひとり、思い思いに色や模様にこだわりながらデザインすることを楽しんでいました。

**あそびの
ひろがり
1**

## 園長先生の一言 - 「本物の洋服、作れそうだね」
（４月下旬）

子ども達が模様描きをしていると、園長先生がやって来ました。子ども達のデザイン画を見た園長先生が「本物の洋服、作れそうだね」と一言。その言葉を聞いた子どもは「本物のように作ってみたい！」と、より意欲的になりました。そして、さっそく洋服を作るためにはどんな素材が必要か話し合いました。

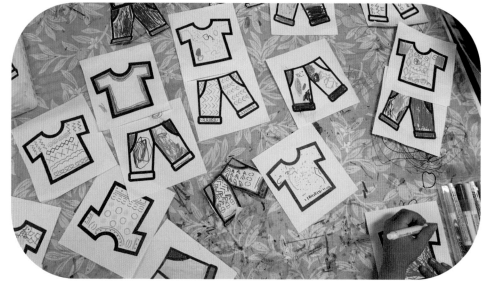

一人ひとりの思いがこもったカラフルなデザイン画

## 「洋服作りスタート!!」（4月下旬）

洋服の生地はカラフルなカラービニール。そこにモールやシールでおしゃれに飾り付けていくことになりました。モールを曲げて虹に見立てたり、シールを貼り合わせて大きなハートを作ったり、次々と子ども達のこだわりが表れている洋服が完成します。すると、Rちゃんが「みんな同じ上履きだね…！」と気付き、急遽靴作りもすることになりました。

モールやシールを使って、もっとおしゃれに

デザイン画に忠実に作る子も

## 「靴作り①牛乳パックで試行錯誤」（5月上旬）

子ども達の話し合いの結果、牛乳パックを使って靴作りをすることになりました。足が入るように牛乳パックの一部を切り取り、それぞれ好きなように装飾していきました。洋服・靴ともに完成したので園長先生に見せにいくことに。すると、園長先生から「年長さんだから、もっと本物らしく作れるかもね？」と一言。子ども達のハッとした表情が印象的でした。

最初に作った牛乳パックの靴。園長は子ども達の力を信じて、
他の制作方法も考えられるような言葉を掛けていました

## 「靴作り②本物らしさを求めて」
（5月中旬）

園長先生の一言に刺激を受け、子ども達は〝本物らしさ〟を求め、牛乳パック以外の素材でどのように作っていくか考えました。するとKちゃんが「自分の足に合わせたらいいんじゃない？」と一人ひとりに合ったサイズの靴を作ろうと提案。実際に足の大きさを測り、靴底を作っていきました。そして新聞紙も使って本物そっくりの靴を作りました。

イメージどおりの色に仕上げる

子どもが時間をかけて一人ひとりの足の大きさを測る

「足のサイズにぴったり!!」

ファッションショーの雑誌を保育室に用意

## 「ファッションショーに向けて」
（5月下旬）

洋服・靴が完成し、色々な人に見てもらいたいという気持ちが強くなった子ども達。保育者は子ども達の興味・関心がさらに深まるよう、ファッションショーの雑誌をさりげなく置いておきました。それに気づいた子ども達は目を輝かせながら雑誌を読み、「ランウェイを作ろう！」「このポーズかっこいい！」と新たなイメージがどんどん湧いていました。モデルがいるなら司会も必要と司会用の台本を作ったり、他クラスの友達も見られるようにとチラシや看板を作ったり、仲間同士で相談しながら当日に向けて着々と準備していきました。

看板作り。「目立つ色にしよう！」と配色にもこだわりが

司会の子は本番で読み上げる台本を作る

## 「ぽぷら組ファッションショーへようこそ」（6月上旬）

いざファッションショースタート！　約2か月をかけて作り上げてきたので、お父さんやお母さんにも見てもらいたい！と、開催日は週1回ある保育参観日に決まりました。大勢のお客さんの前でランウェイを歩いたり、ポーズを決めたりしている姿がありました。一人ひとり、自分が作り上げたものを見てもらえる喜びを感じていました。

歓声を浴びながら
堂々とウォーキング

お父さんも一緒にポージング

色とりどりの靴

台本を見ながら司会進行

## 「隣接する姉妹園との コラボレーション ～互いに受ける刺激～」 （6月中旬）

同じ頃、隣接する姉妹園でも洋服作りが盛り上がっていました。そのことを子ども達に伝えると「見てみたい！」と興味津々。担任同士も互いの刺激になってくれたらという思いから、両園がコラボレーションしたファッションショーを企画しました。当日の子ども達は、自分達にはないアイテムやポージングに惹かれていました。ショーの終了後、クラスに戻ると新しい洋服や靴作りが始まり、あそびは続いていきました。

姉妹園の年長児の姿を見つめる子ども達

コラボレーションファッションショーを盛大に開催！

# この実践の中で見られた
# 子ども達の10の姿

- 健康な心と体
- 自立心
- 協同性
- 道徳性・規範意識の芽生え
- 社会生活との関わり
- 思考力の芽生え
- 自然との関わり・生命尊重
- 数量や図形、標識や文字などへの関心・感覚
- 言葉による伝え合い
- 豊かな感性と表現

＊実践の中で見られた子ども達の10の姿を、項目別に表しています。色が濃いほど、子ども集団として、その姿が多く見られたことを示しています。全体としての姿なので、子ども一人ひとりに目を向けると、また違った姿が見えてくるでしょう。

## 『園生活で培った力を発揮して』

亀ヶ谷元譲

ファッションに興味を持った子どもたちはさまざまな場面で〝かわいさ〟や〝美しさ〟を追求していました。デザインにこだわって洋服を作ったり、モデルとなってランウェイを颯爽と歩いたり、子ども達なりの〝美〟を意識しながら多様な経験を重ねることで、豊かな感性と表現に磨きがかかっていきました。

あそびの広がりに目を向けると、はじめは個々のあそびだったものが、「ファッションショーをしたい！」という声をきっかけに共通の目的が生まれ、仲間が集まりました。ショーの実現に向かう過程では、靴作りのために自分達の足型をとることがひらめいて工夫したり、ショーの開催日を知らせる看板用に文字を書いたり、仲間とアイデアを出し合い協力する中で、思考力の芽生えや文字への感覚の高まりが感じられました。

ショー当日は司会も活躍し、オープニングのアナウンスや観客に対してのお礼など、状況に応じてその場にふさわしい言葉を使おうとする姿からは、言葉で伝える力の育ちも見られました。

年長児はこれまでの園生活で培ってきた豊かな力を持っています。保育者に支えられながら仲間と共通の目的を持って主体的にあそび込む中で、より豊かでより深い10の姿が見られました。

## 園長先生の影響力

　この事例は園長先生の「本物の洋服、作れそうだね」の一言で始まっています。園長先生が普段から保育室や園庭など、様々な場面で子どもの姿を見ているからこそ、子どものあそびの可能性に気がついたのではないでしょうか。園長先生の言葉が子ども達の意欲を高めています。それだけでなく、園長先生の言葉を受けて、保育者もすぐに子どもの興味関心が広がるような環境を作りました。おそらく、園長先生の一言は保育者にとってもよいヒントになったのでしょう。

　園長先生は園のトップだからこそ大きな影響力を持っています。もし、このあそびを見たとき、園長先生が「前例がない」と言っていたら、保育者は萎縮し、あそびは急激にしぼんでしまったことでしょう。

　園長先生の態度や言動によって、その園の雰囲気が作られます。そしてその雰囲気の中で保育者や子ども達は生活します。ですから子ども達に対するのと同じように、保育者の主体性も大切にしましょう。そして試行錯誤しながら保育者にも育っていってほしいものです。つまり、保育と同じです。保育の方法は子どもだけでなく、保育者を育てる上でも参考になります。だからこそ、園長先生は保育を深く理解し、子どもにも保育者にも関わってほしいと思います。

（田澤）

## 友達と一緒にあそぶ楽しさ

　協同的なあそびはどのように始まるのでしょうか。本実践では、園長先生の一言がきっかけとなっています。最初は一部の子ども達の個別のあそびであったのが、「本物らしさ」を増し、それが他の子ども達にも魅力的に映ったのでしょう。もっともっといいものにしたいという子ども達の思いと共に、あそびの輪も膨らんでいく様子が目に浮かびます。

　本実践からもわかる通り、協同的なあそびは保育者があそびを提案したり、リードして進めたりするものではありません。保育者が挑戦を促したりあそびが発展する環境を整えたりすることはあっても、大切なのは、まず子ども一人ひとりがあそびに夢中になっていること、そしてそのあそびが充実することなのです。そして、その盛り上がりが他の子ども達にとっても魅力的なものになって、はじめて他の子ども達に広がっていくものなのです。何より、人間関係が育っていることが前提となります。

　幼児期には、自分の好きなあそびの中で友達と一緒にあそぶ楽しさを十分に経験し、そしてそのあそびに共通の目的が生まれ、人との協同が求められるあそびの中で、充実感や達成感を味わう経験を繰り返すことが大切です。そうした経験が、教師の提案した活動であっても、自ら関心をもって主体的に学習に取り組み、友達と思いや考えを共有しながら学び合う小学校での学習につながっていくのです。

（吉永）

陽だまりの丘保育園（東京都）
曽木書代

# 海の水はなぜしょっぱい？

年中時、マンホールから水のろ過・循環に興味を持った子ども達は
「海の水はなぜしょっぱいか」に疑問を持ち、年長組になっても、
海水から塩を取り出す実験を繰り返していました。

**あそびの
きっかけ**

## もっと海の水を
## 集めたい！（6月下旬）

夏になり、水に親しむ機会が増えると、
子ども達の「海の水から塩を取りたい」
という思いが、再び強くなってきました。
そこで海水募集のポスターを作り、園の
入り口と2階に掲示して保護者にも協
力をお願いしました。

子どもの熱意が
伝わる手作りポスター

**あそびの
ひろがり
1**

## いろんな海水が集まってきた（7月上旬）

ポスターを見た保護者から、早速反応がありました。地方に住む祖父母から、海外旅行先からなど、海水が続々
と届いたのです。トルコのトゥズ湖、エーゲ海、タイ、ハワイなど、海水コレクションは国内だけではなく、
海外にまで広がりました。

集まった海水は20種類以上

## 塩を取り出そう（9月〜10月）

集まった海水から塩を取り出す実験をすることにしました。同じ量の海水でも、取れる塩の量に差があります。なんとトルコのトゥズ湖の場合、100ccの海水から50gもの塩が取れて大興奮。どの子も驚きを隠せないようで、「湖の水からこんなに塩が取れるのは何でだろう？」と新たな疑問が浮かびあがりました。同時に、海外の地名や場所に興味を持ち、地球儀や図鑑で調べる子どもも増えてきました。

水分が蒸発して塩に。どのくらいあるかな？

調べた結果はわかりやすく表に

## どの子も博士？
## （11月上旬〜）

地図や図鑑で調べていくうちに、知識が増えてきた子ども達。お楽しみ会では、日本地図や世界地図のパズルを作ったり、調べたことをクイズにして楽しんでいました。塩の結晶を作るチームや、塩水で電気が通るかを実験するチームも決まりました。どの子もまるで博士のように、夢中になって取り組んでいました。

どこから来た海水か、大きな地図を使って確認

トルコ、みーつけた！

図鑑で調べるうちに、文字や数量等の力もめきめき

# 塩の結晶作り 1 （11 月下旬～）

科学図鑑を見て、塩の結晶を作ってみたくなったJちゃんと、Kちゃん。保育者と一緒に材料を準備して実験がスタート！ 『塩の結晶出来たかな？』と毎日様子を見にいきますが一向に変化がありません。がっかりして他の活動に取り組むうちに2ヶ月以上が過ぎました。久しぶりに『あ、塩の結晶！』と思い出して段ボールを開けてみると……なんと大きな塩の結晶がモールの周りにたくさん付いていました。『きれい！』と目を輝かせる2人。クラスの友達も興味深々です。

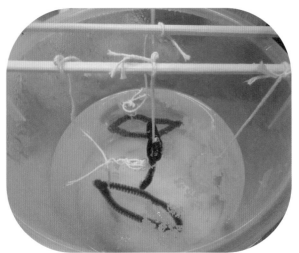

モールに少しずつ結晶が付いてきた

お楽しみ会で発表。会場からも歓声が！

# 海水は電気を通す？
# （12 月頃）

科学図鑑に載っていた"塩水は電気が通る"という実験が始まりました。実験に必要な物を買い集めて装置を完成させると、早速、集めた海水で電気が通るのか、期待を込めて試してみますが……。電気はつかず、残念がる子ども達。今度は図鑑の通りに、コップに入れた水に塩を200g程入れて飽和食塩水を作り、導線を中に入れました。すると、豆電球が見事に光り『凄い！』と子ども達は大喜び。大興奮です。Tくんからは『海水は3gくらいしか塩が入ってないから、光らなかったのかもね』という発言が！ 今まで塩の取り出し実験をしてきたからこそ、塩の量の違いに気付いたようです。

## あそびの ひろがり 6 電気が流れるものって……（1月頃）

『電気が流れる物は、塩水以外にもあるのかな？』 子ども達は実験装置を持って園内を探検し始めました。『スプーン・〇』『すいどう・〇』『ロッカー・×』……あとで実験結果をまとめるために、メモ用紙に記録していきます。Kくんは『もしかして、銀色の物は電気を通すってことかな？！』と答えを見出しました。友達と新たな発見を共有しながら、電気の実験は続いています。

まだ続く「電気を通す物」探し

## あそびの ひろがり 7 塩の結晶作り2 （2月上旬〜）

塩の結晶の美しさに目を奪われた女の子達は、Jちゃん、Kちゃんに教わりながら塩の結晶作りをスタート！ 今度は途中であきらめることなく、毎日のように根気良く変化を観察し続けました。そして3月中旬、遂に塩の結晶がモールに付いていました。『アクセサリーにしたい』と女の子達。紐やモールを使って、世界に一つだけの塩の結晶アクセサリーが完成し、嬉しそうです。

見て、結晶が出来てる！

結晶の指輪にうっとり

キラキラアクセサリーの完成

「もっと作ろう！」。広がる結晶ブーム

# この実践の中で見られた
# 子ども達の10の姿

健康な
心と体

自立心

協同性

道徳性・
規範意識の
芽生え

社会生活との
関わり

思考力の
芽生え

自然との関わり・
生命尊重

数量や図形、
標識や文字
などへの
関心・感覚

言葉による
伝え合い

豊かな
感性と表現

＊実践の中で見られた子ども達の10の姿を、項目別に表しています。色が濃いほど、子ども集団として、その姿が多く見られたことを示しています。
全体としての姿なので、子ども一人ひとりに目を向けると、また違った姿が見えてくるでしょう。

## 子どもの
## つぶやき、疑問、
## ワクワクに
## 沿った保育

曽木書代

この実践例では、全体として「思考力の芽生え」、「自然との関わり・生命尊重」、「数量や図形、標識や文字などへの関心・感覚」に関する事柄に興味を持ち、あそびを広げる多くの子ども達の姿があったように思います。

「なんだろう？不思議だな？」という疑問やつぶやきから始まり、不思議さを追究するうちに別の大きな不思議さに気付いたり、自然の偉大さや美しさに気付いたりと、幅広く、そして長く続いた実践でした。その過程で、「言葉による伝え合い」や「協同性」、「社会生活との関わり」が生まれ、だからこそ、興味・関心が続いたのだと思います。

子ども達は、実験の際に仮説を立てたり、結果と仮説との違いに驚いて自分なりにまた別の仮説を立て、話し合ったり、また、出来たもの、発見したものの美しさに興味を持ち、アレンジを加えたりしていました。ワクワクしながら行った活動を通して、「豊かな感性と表現」や「自立心」も育まれていると思いました。一つ一つの場面や活動を切り取って見てみると、10の姿のうちの1つの姿だけがあるのではなく、いろいろな姿が同時に現れ、育っていっているのだと改めて気付きました。そうした姿を細かく丁寧に多面的に分析することと同時に、大きく総合的に捉えることが必要だと感じました。

## 科学する芽を育てる

　子ども達は海水への興味から、塩⇒重さ⇒地名や場所⇒結晶⇒電気と次から次へと興味や関心に広がりを見せています。もし、「これは子どもにはまだ早い」と大人側の都合でストップをかけていたら、このような広がりを見せることはありません。

　子どもの好奇心の強さは大人が考える以上です。「どうして？」「どうなってるの？」はあらゆる学びの原点のひとつです。この事例では子ども達のこうした思いを一つひとつ大切にした結果、子どもの科学する芽とも言えるようなものが育っていることがわかります。

　科学とは「一定の対象を独自の目的・方法で体系的に研究する学問」（新明解国語辞典）です。この事例では体系的とはいえないまでも、子ども達は独自の目的・方法で研究をしています。その原動力が次から次へとあふれ出す子ども達の好奇心です。ひとつのことがわかったりできたりすると、その結果から次の好奇心が生み出され、とどまることを知らないようです。それは一定の対象に目を輝かせて向かう根っこでもあります。まさしく科学の芽でしょう。

　科学する芽は、科学という学問だけに通じるのではなく、すべての学問、さらには、これからの人生にも広がっていきます。好奇心があるからこそ、いろいろなことを知ったり学ぼうとしたりするのでしょう。

（田澤）

## 充実した体験の積み重ね

　あそびは１日で終わることもあれば、何日も続くこともあります。時には年をまたいで継続することすらあります。長ければよいというわけではないですが、多様な方向に発展する可能性のあるものやことと出合ったり、子ども達がそこから多くの発見をし、それぞれの興味・関心に沿ってさらに発展させていける環境を保障したりすることで、あそびが長く継続するのだということが本実践からうかがえます。

　年中クラスの時に海水から塩が抽出できることを発見した子ども達は、その経験がとても楽しかったのでしょう。年長組になって再度火が点き、しかし着実に成長した子ども達は、ただ塩を抽出するだけに留まらず、様々な海や湖の水の塩分量を比べたり、水の取れた場所に興味を広げたりしています。また、塩水の性質にも関心を広げ、結晶を作ったり、電気を通す実験をしたりとどんどん探究しています。まさに深い学びです。

　こうした思考力の芽生えは、この実践からも４歳の頃からすでに見られ、５歳児になって急にあらわれるわけではないことがわかります。発達や子どもの経験に合わせて一つ一つの体験を充実させることで、４歳児、５歳児、そして１年生、２年生……と着実に子ども達の資質・能力が育まれ、より深い学びが追究できるようになっていくのです。

（吉永）

🏠 玉川学園幼稚部（東京都）
伊東麻衣子

# 色水博物館

朝顔の花を使った色水あそびは季節の変化とともに、絵の具での色水あそび、
そして色水博物館へと発展していきました。

## あそびの きっかけ

### 朝顔が咲いたよ（9月上旬）

種から育てた朝顔がたくさんの花を咲かせました。子ども達は朝顔の花を摘み、色水あそびを始めます。透き通った淡い色合いの色水ができることを喜び、できあがった色水の美しさを言葉にしながら友達と思いを共有していました。

きれいな色ができたね！

## あそびの ひろがり 1

### 朝顔で色水あそび（9月）

朝顔の花の色水あそびを続けるうちに、子ども達は花の種類や数、水の量によって、できあがる色が異なることに気がつきました。微妙な色の違いを大切にしながら、たくさんの種類の色水を作ることを楽しみました。

「どれくらい水を入れる？」。よく考えて

似ているけれど、全部違う色

**あそびの
ひろがり
2**

## もう朝顔がない！　どうしよう（9月下旬）

ついに朝顔が最後の一輪になってしまいました。子ども達は、その一輪を摘まずに、どうしたら色水あそびが続けられるのかを考え、相談しました。また、花から作った色水は、翌日になると変色してしまうことから、花で色水を作るのではなく、ほかに何か良い方法はないかを考えていました。保育者は固形絵の具を用意し、絵の具での色水作りを提案します。

〇色＋△色＝どんな色になるかな？

**あそびの
ひろがり
3**

## 「新しい『色』ができたよ！」 10月頃〜

子ども達は、色と色が混ざり合い、新たな色ができることを喜び、繰り返し混色を楽しみました。「赤」「青」「黄色」といった色の名前では表現できないたくさんの色水ができ、子ども達は、その色に独自の名前をつけ始めました。

ハ一ス いろ
（はーすいろ）

感じたことを、そのまま色の名前に

# 「色水作家さん、誕生！」10月下旬頃

色水作家の自信作！

保育者が「芸術的なものを作る（生み出す）人のことを『作家さん』と呼ぶんだよ」と伝えると、子ども達は「じゃあ色水を作る人は『色水作家』さんだね」。こうして色水作家が誕生しました。子ども達はさらに意欲を見せ、オリジナルの色を作ることを楽しみ、その色に合う色の名前を考えるようになりました。色水作家さんが作った色水が１００種類以上になると、みんなに見せたい！という思いが生まれました。クラス内で作家さんの作品発表を行いました。

生き生きとした表情で発表

# 「色水博物館をつくろう！」11月頃

クラスの友達から「すごい！」と認められると、もっとたくさんの人に作品を見てほしいという気持ちが生まれ、「色水博物館」をつくることになりました。お客さんが来るときのことを考え、年下の子のためにこぼれない容器に移し替えたり、「線から入らないでね」と注意書きをするなど、博物館に必要なことを自分達で考え、オープンの日を楽しみに準備を進めました。

色水博物館のチケット

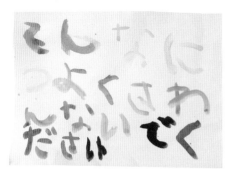

色水の並べ方にもこだわる子がいます。グラデーションのように並べたり、「この色とこの色を隣に置くと、もっと綺麗に見える！」など、子ども達なりに納得のいく並べ方を考えます。 テーブルに載り切らなくなったので、色水ドロップも作りました。

友達にも意見を求める

日差しに映える色水ドロップ

どう並べたらもっときれいに見えるかな？

## あそびの ひろがり 6 「いよいよオープンの日」 11月

幼稚園中からたくさんのお客さんが訪れると、色水作家さんたちは、自分の作った色水を紹介します。その表情は大変得意げで、作家さんとしての自信と満足感に満ちていました。その後、博物館を訪れた年少、年中組の子ども達が、「色水作家になりたい」と年長組にやってきました。色水作家さん達は色水の作り方を教えたり、年少組、年中組が混色を喜ぶ気持ちに共感したりしながら、自分達のあそびが年下の子達にも広がっていくことを喜んでいました。 年長クラスの中では、子ども達なりの「綺麗な色」「暗い（イメージの）色」「おしゃれな色」といった分類が生まれました。そして、色水作家さんが作った色が『色』として定着していきました。

自信作をお客様に説明

年中児を優しく見守る色水作家

# この実践の中で見られた
# 子ども達の10の姿

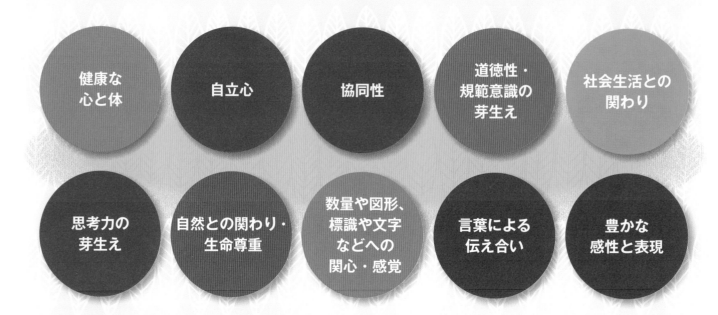

健康な
心と体

自立心

協同性

道徳性・
規範意識の
芽生え

社会生活との
関わり

思考力の
芽生え

自然との関わり・
生命尊重

数量や図形、
標識や文字
などへの
関心・感覚

言葉による
伝え合い

豊かな
感性と表現

\*実践の中で見られた子ども達の10の姿を、項目別に表しています。色が濃いほど、子ども集団として、その姿が多く見られたことを示しています。
全体としての姿なので、子ども一人ひとりに目を向けると、また違った姿が見えてくるでしょう。

## 子ども達の
## 豊かな表現を
## 大切に

伊東麻衣子

　色水博物館のあそびが生まれるきっかけとなったのは、自分たちで育てた朝顔との関わり、心を動かされる経験があったからです。最後の一輪を目の前に悩むその姿からは、生命尊重の思いが感じられました。花を大切にしたい、でも、今一番おもしろい色水あそびができなくなってしまう……葛藤し、悩み、相談したり保育者に意見を求めたりする中で、子ども達の自立心や、言葉で伝え合いながら考える力が育まれました。

　子ども達を「色水作家さん」と呼ぶことで色水は "自分が生み出した作品" になり、愛着が生まれました。アーチストになりきって名前を考えたり、色水博物館にお客さんが来ることを想定して環境を再構成したりする経験は、思考力の芽生えとなりました。

　色の配置にこだわる姿や手作りの「色水博物館らしい」チケットや看板には、子ども達の感性が溢れています。それぞれが個性を発揮しあいながらできあがった色水博物館は、子ども達の協同性の結晶とも呼べるでしょう。

　子ども一人ひとりが自分を豊かに表現しながら、やりたいことに主体的に取り組み、実現していく喜びや手応えを感じられるように、日々の保育を進めていくことが大切だと感じました。

## 園のルールにダウトを！

　この本に登場するどの事例でも、保育者は教材、素材を工夫しています。そうした工夫があるからこそ、子どもの興味関心が広がっているのです。この事例では、保育者の固形絵の具の提案があそびを広げるひとつのきっかけになっています。もし「固形絵の具は一斉活動の時しか使えない」などのルールがあったとしたらあそびは広がらなかったでしょう。子どものためにと作った園のルールが子どものあそびを制限してしまう可能性があります。だからこそ、園のルールが子どもの興味関心を阻害するものになっていないかどうかダウトをかけ、園で検討することが大事でしょう。

　この事例のもうひとつの重要なポイントは、色水作家の作品を何日も残しておける環境です。作ったものはその日のうちに片付けるというルールがある園は多いようです。1つの保育室がいろいろな用途に使われているという実状もあるので、このルールを一概に否定はできませんが、全部片付けてしまうのではなく、次の日に続きができるぐらい残しておくなどの工夫はできるのではないでしょうか。「明日もこの続きをしよう！」と思える環境も、あそびを広げる一つの要素なのです。

（田澤）

## あそびを通して育まれる思考力・判断力・表現力等の基礎

　自分達が大切に育てた朝顔での色水づくり。自然の植物を使った色水あそびでは、花の色の違いによる水の色の違いや、違う色の水を混ぜた時の変化、あるいはレモンやお酢など別の液体を混ぜた時の変化などを楽しむことができます。しかし本実践のおもしろいところは、それが自然のあそびとして発展するのではなく、保育者の絵の具を使ったらという提案によって、色を様々に混ぜ合わせて表現することを楽しみ、探究する活動へと変異していくところです。そのプロセスの中で、いつも一般的に使っている色の名前では表現できない色ができることに子ども達が興味をもち、色のもつイメージを名前に表したり、「綺麗な色」「おしゃれな色」など分類したりすることを楽しんだり、多様な色を混ぜ合わせてどんな色ができるかを試したりと、様々に思考力を働かせています。また、保育者の「色水作家」という言葉に触発されて創作意欲がさらに高まり、作家になりきって博物館をつくったり、そこでどのように色を展示するかなど、色の並べ方や展示方法を工夫したりしています。

　こうして、幼児期に子ども達の自発的なあそびを通して試行錯誤しながら育まれる思考力や表現力は、小学校の各教科等の学習の指導を通して育まれる思考力・判断力・表現力等の基礎となって、つながっていくのです。

（吉永）

🏠 大和郷幼稚園 （東京都）
松原 彩

# いいもの発見！ 何の実かな？

年長クラスの6月の事例です。男の子のグループがいい匂いのする実が落ちているのを見つけました。
「これはいったい何の実だろう？」。小さなオレンジ色の実に興味・関心をふくらませていく様子をご紹介します。

**あそびの
きっかけ**

## 「これは何の実？」（6月11日）

男の子4人が園庭にオレンジ色の実が落ちているのを見つけて、ワクワクしながら話しています。「甘い匂いがする」「食べられるってことかな？」「どこから落ちてきたのかな？」「池の中にも落ちてるよ！」。4人が池の近くを探すと、オレンジ色の実がなっている木を見つけました。「あっ、この木から落ちてきたんだ」「これ、なんの木だろう？」。4人は、昨年の年長児が園庭の木のマップを作っていたのを思い出し、マップを見ながら木を探しました。けれどマップにはその木は描いてありませんでした。他の木にはかかっている看板もありません。

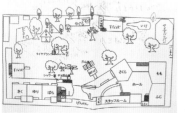

女の子も探索をお手伝い

**あそびの
ひろがり
1**

## 「自分たちで調べよう」（6月12日）

「うちに図鑑あるから今日見てくるよ！」「ママに聞いてみる！」「パソコンで調べてみるよ！」。みんなはそれぞれの方法で、オレンジ色の実がなる木を調べてきました。けれど、いくつもの種類が挙がって、これだという決め手がありません。「もっと調べてみよう」。4人は植物図鑑、野菜と果物図鑑、栽培の絵本、季節の本など、園内の本を手分けして必死に調べました。「この小さな丸が図鑑と同じだ！」「緑がオレンジになるってのも同じだ！」「5月〜6月が旬だから、ちょうど今頃だしね！」。4人は、オレンジ色の実はアンズだと確信しました。

**あそびの
ひろがり
2**

## 「発表しよう！」
（6月12日）

4人は、調べた結果を、集まりで発表することにしました。図鑑で調べたことを話したり、拾ってきたきれいなオレンジ色の実を見せたり、匂いも嗅いでみるように伝えたり。すると、聞いている子ども達にもアンズへの好奇心がわいてきました。

## あそびの ひろがり 3

### 「収穫しよう！」（6月13日）

登園時にアンズの木を見に行くと、オレンジ色の実がたくさんなっていました。「食べられるのかなあ？」。みんなは、アンズの実を収穫したくなりました。「どうやって取るの？」「体操のタッキー先生にお願いしようよ」。タッキー先生が収穫したアンズの実が入ったかごが木の上から下りてくると、子ども達は大事に受け取ります。収穫したアンズは翌日コンポートにして、食べました。

## あそびの ひろがり 4

### 「看板を作ろう！」（7月2日）

収穫して食べたことで、子ども達のアンズ熱は一旦収束しました。けれど、4人グループの一人だったK男がアンズの木に看板がなかったことを思い出し、紙に書いて飾ろうとしました。「紙で大丈夫かな？　他の木の看板は何で出来ていたかな？」。担任が問いかけると看板作りに必要な材料を揃えました。そして、他の子も加わって、木材をノコギリで丁度良い大きさに切ったり、ヤスリで丁寧に削ったり。看板作りが始まりました。

## あそびの ひろがり 5

### 「看板を飾ろう！」（7月12日）

年長クラス（まつ、たけ、もみじ）3組のクラスカラーを塗った上に大きく「あんず」と書いて、看板が完成しました。「クラスの子によく見て欲しい！」と、1週間保育室に飾ったあとでいよいよ木に結びます。「どうやって木につけようか？」。相談した結果、ひもを通す穴は用務員さんにあけてもらうことにして、あとは自分達の力で完成させます。アンズの木に、立派な看板がかかりました。「これで、この木はアンズですって、わかるね！」。みんな、とても満足そうでした。

僕たちの作った看板、かっこいい？

# この実践の中で見られた子ども達の10の姿

| | | | | |
|---|---|---|---|---|
| 健康な心と体 | 自立心 | 協同性 | 道徳性・規範意識の芽生え | 社会生活との関わり |
| 思考力の芽生え | 自然との関わり・生命尊重 | 数量や図形、標識や文字などへの関心・感覚 | 言葉による伝え合い | 豊かな感性と表現 |

＊実践の中で見られた子ども達の10の姿を、項目別に表しています。色が濃いほど、子ども集団として、その姿が多く見られたことを示しています。全体としての姿なので、子ども一人ひとりに目を向けると、また違った姿が見えてくるでしょう。

## 主体的に取り組むあそびの中に多くの学びがある

松原　彩

　園庭で見つけた実が何の実か知ろうとする活動を通して、わからないことに直面してもあきらめずに、今までの経験を思い出し、皆で知恵を働かせ、触ったり匂いを嗅いだり、図鑑や園庭マップ（昨年の年長児が作った）を調べたりし、やっと「アンズ」だと確信します。そしてわかった喜びをクラスの仲間と共有したことで、「実を採ってジャムを作ろうよ！」「看板を作ろうよ」と発展していきます。発展すればまた困難なことにもぶつかりますが、それを乗り越えていきます。子ども達の心はいつも動いていました。

　何の実かわからないので知ろうと試行錯誤する姿からは、自然との関わり、自立心、思考力の芽生え、言葉による伝え合いが見られました。看板作りでは、看板がないと皆が困ることに気づき、自ら材料を用意して取り組む中に、道徳性・規範意識の芽生え、豊かな感性と表現、協同性、文字への関心が見られました。また、体操の先生に高い所のアンズの実を採ることを頼み、滑車で採る経験も科学的な思考につながり、用務員さんに看板に穴をあけてもらうなど、いろいろな人の力を借りて自分達の思いを実現させていくところは、社会生活との関わりで身に付いたものだと思います。

　主体的に取り組むあそびの中に多くの学びがあることに気付きました。

**子どもの試行錯誤を保育者も一緒に楽しむ**

　自然は子ども達にいろいろな疑問と発見を与えてくれます。事例の子ども達はオレンジ色の実を見つけ「これは何の実？」という疑問を持ちました。そこから、調べ、発表するなどと興味が深まり、それが他の子ども達へと広がっていきました。

　「実の名前を知りたい」と思ったきっかけは、甘い匂いがして食べられるかもしれないと子ども達の心が動いたからです。最初から実の名前を知ることが目的ではなかったはずです。

　レイチェル・カーソン（アメリカの生物学者）が「知ることは感じることの半分も大切ではない」（センスオブワンダー）と言ったのは、こういうことではないでしょうか。まず、心が動くことが大切で、動いたからこそ知りたいと思ったり、調べようとしたりするのでしょう。

　心が動く経験は、自然が豊かな場所でなければできないというわけではありません。どんな場所であれ、興味を持てば、どこにでも自然があることに気付くはずです。風や雲、雨なども自然です。落ち葉や土も自然です。これらの自然を保育者が子どもと共に感じることから、子ども達の興味・関心は動き始めます。そしてそこから生まれた子ども達の疑問に答えるのではなく、答えを探す試行錯誤を保育者も一緒に楽しんでください。

（田澤）

 **言葉によって思いや考えを深め、人と共有しようとする姿**

　園での３年間を通して育まれてきた人間関係は、強い関心で結ばれています。友達が気付いたことやしていることに、周りの子ども達も共感して興味が広がっていくのです。そして友達とのつながりを作ってくれるのが、言葉による伝え合いです。幼児期後半になると言葉によって自分の考えを人と共有したいという気持ちが高まってきたり、わかりやすい言葉で伝える力がついてきたりします。

　本実践では、４人組はオレンジ色の実を巡ってそれぞれの考えを伝え合い、それが、「なんの木だろう？」と木の種類への興味につながっていきます。結局、マップを見てもオレンジ色の実のなる木の名前は見つかりませんでしたが、図鑑を調べたり人に尋ねたり、情報機器を活用したりして探究します。また、わからないことは諦めずに粘り強く調べ、その意欲がクラスの集まりでの発表につながり、熱意が他の子ども達に伝わったからこそ、多くの友達が４人の活動に関心を示して、アンズの収穫につながったのでしょう。

　言葉によって思いや考えを深め、人と共有しようとする姿は、小学校の各教科・領域の学習を支える基盤です。幼児期には、主体的で自発的な活動の中で、考えたい、人に伝えたい、調べたいと思えるようなわくわくする経験を保育者が支援していくことが大切です。

（吉永）

# おまつりごっこ

かき氷パーティーをきっかけに始まったかき氷屋さんごっこからおまつりごっこへ。
創造性を存分に発揮しながらあそびを広げていく年長児の姿を御紹介します。

**あそびの きっかけ**

## 「かき氷パーティー」（9月上旬）

おいしい。何杯もお代わりしちゃう！

できるまで、ちょっと待っててね

夏休み明けの9月初め、かき氷パーティーを開きました。自分達で氷をかいて作ったかき氷の味は格別です。思う存分食べた後は年中・年少児を招いてかき氷屋さんをオープン。真剣に氷をかく表情からは、年下の子ども達を喜ばせたいという気持ちが伝わってきます。

**あそびの ひろがり 1**

## 「かき氷屋さんごっこをしよう！」（9月上旬）

翌日、子ども達からは「またかき氷パーティーやりたい！」と声があがりました。
「楽しかったね。でも残念ながらもう氷がないんだよ……」と担任が伝えると、M子が「それなら、かき氷屋さんごっこしようよ！」と言いました。
M子はかき氷屋さんごっこに必要な物、何を使ってどう作ったらいいのか、考えたことを紙に書いてきました。

①かき氷マシン
・ハンドル　… ストローを使って回るようにする。
・握るところ … ストローを曲げ、ペットボトルのキャップを付ける。
・刃　　　　 … チーズのふた
・土台　　　 … ラップの芯を足にする。

②氷
・四角い氷…厚紙を切って四角にする。
・削った氷…綿

## 「かき氷マシンを作ろう！」（9月上旬）

材料を準備して、M子がかき氷マシンを作り始めました。ハンドルを回すにはどうしたらいいか、土台はどうやって作るか、など工夫が続きます。ようやく形になったかき氷マシン。でも、上ぶたと受け皿が同じ大きさなのでうまく回りません。どうしよう？　上ぶたの紙皿に小さな穴を開け、受け皿にストローを取り付け、差し込んでロックすることを思いつきました。M子の機械が完成するように、まわりの子ども達も手伝います。M子から刺激を受けて、自分もかき氷マシンを作ろうとする子も出てきました。

ここをちょっと押さえてて

これでよし！

かき氷マシン3台完成！

## 「氷を作ろう！」（9月上旬）

かき氷屋さんごっこをするには氷も必要です。かき氷マシン作りに忙しいM子は立方体の展開図をかいて、T子に氷作りを任せます。けれどM子の展開図は立方体には一面足りません。

そこで担任が図のような氷の作り方を提案すると、氷作りが広まりました。

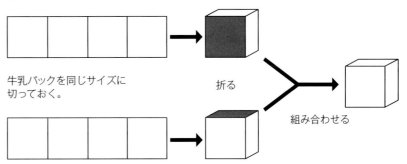

牛乳パックを同じサイズに切っておく。

折る

組み合わせる

四角い氷と削った氷（綿）をマシンの中に入れて、かき氷作りが始まりました。ようやく思い通りのかき氷屋さんごっこができるようになってみんな満足そうです。

残念！　立方体を作るには一面足りない

かき氷が出てきた。大成功！

シロップは水性マーカーで色を付けたティッシュを、水の中に入れて作った

## あそびの ひろがり 4

### 「おまつりごっこしよう！」（9月中旬）

「かき氷屋さんて、おまつりのときにあるよね」。そんな連想から「おまつりごっこしようよ！」という声があがり、準備が始まりました。9月中旬は運動会を控えた忙しい時期ですが、少しずつおまつりに出したい品物を作っていきました。阿波踊りの得意な子は、踊り方も教えてくれました。子ども達におまつりのイメージが広がっていきました。

焼そばも売ってるね

阿波踊りはこうやるんだよ。ヤットサー！

## あそびの ひろがり 5

### 「花火もやろう！」（9月下旬）

「おまつりやる時、花火もやったらどう？」とM男が提案し、花火を作り始めました。

他の子ども達にも花火作りがひろがり、いろいろな花火ができました。

M男はラップの芯に平ゴムを付け、
紙を丸めた玉を飛ばして花火が上がる様子を表現。

「こうするの！」
ビヨヨ〜ン

花火の軌道は玉にキラキラテープを貼って

花火が開く様子は絵に描いて表現

黒い紙にうず巻きを描き、丸く切る

花火のキラキラを表現しようと、
スパンコールをセロハンテープで付ける

「先生、白いゴムを付けて、
上からぶらさげてほしいんだけど」
→平ゴムを付けた花火を引っ張って手を離すと
勢いよく上がってまるで打ち上げ花火のよう

いろいろな形の打ち上げ花火が完成。
これは星の形の花火

ミッキーの形の花火

## 「おまつりごっこ」
## (11月上旬)

みんながこつこつと作ってきた品物が揃い、11月初め、
おまつりを開くことができました。どのコーナーも、
年中・年少のお客さん達に大人気でした。

かき氷コーナー

たこ焼きコーナー

お面コーナー

金魚すくいコーナー

そしておまつりの締
めは打ち上げ花火。「3、
2、1、ドッカーン。た
まや〜！」

「ヤットサーヤットヤットー！」

阿波踊り

# この実践の中で見られた
# 子ども達の10の姿

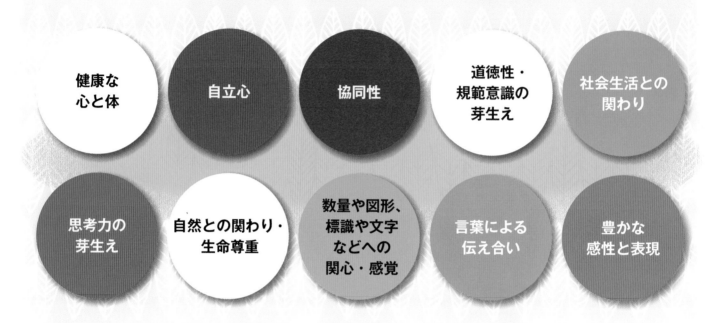

- 健康な心と体
- 自立心
- 協同性
- 道徳性・規範意識の芽生え
- 社会生活との関わり
- 思考力の芽生え
- 自然との関わり・生命尊重
- 数量や図形、標識や文字などへの関心・感覚
- 言葉による伝え合い
- 豊かな感性と表現

＊実践の中で見られた子ども達の10の姿を、項目別に表しています。色が濃いほど、子ども集団として、その姿が多く見られたことを示しています。
　全体としての姿なので、子ども一人ひとりに目を向けると、また違った姿が見えてくるでしょう。

## 夢中になれるあそびにはたくさんの学びがある

坂井 祐史

「またかき氷パーティーをやりたい」という思いからかき氷機作りが始まり、完成するとそこからイメージが広がっておまつりごっこになりました。かき氷機が完成するまでに何度か不具合が出ましたが、「それならこうしたらどうだろう」と新たなアイデアで乗り越えました。また、運動会などの行事や活動が入っていたため、おまつりを開くまで2か月かかりましたが、あきらめずに準備を進めていました。これらの姿に、子どもの自立心を感じました。そして、かき氷機だけでなく、打ち上げ花火作りでのより本物っぽく作りたいという気持ちは、思考力の芽生えにつながっています。

毎年、地域で行われる阿波踊りのおまつりに参加している子どもが多く、そこでの経験をあそびに再現していました。おまつりに必要な品物や道具をどうやって作るか相談し、友達と協力しながら自分のやりたい役割を担い、おまつりを成功させ、充実感を味わっていく過程では、協同性が身に付いていきました。

ダイナミックにあそびが広がっていく様子に、年長児ならではの醍醐味を感じました。

## あそびの中での保育者の役割

　この事例では子どものアイデアがたくさん出てきています。そしてそれを実現させようと取り組んでいる子ども達の姿が記されています。その中で、氷の作り方を担任の保育者が提案しています。普段の子どもの様子を一番よく知っている担任だからこそ、ここは自分が提案したほうがあそびが充実するだろうと判断したのだと思います。もしくは氷はすぐに作れるようにして、他のことにじっくり取り組んでもらおうと考えたのかもしれません。

　あそびが広がるために、どう援助すればいいのか、環境構成はどうするのか、どこまで提案する？とあそびの中で保育者がその役割に悩む場面が多いと思います。でもこの悩みが、子どもを理解するための一歩になります。目の前の子どもが何を求めているのか、どこに面白さを感じてあそんでいるのかなどを探るからこそ、次の援助を考えることができるのです。その援助や環境構成は時に失敗することもあるでしょう。いや、もしかしたら失敗の方が多いかもしれません。しかし失敗したら、「次はどうする？」と考えることも大事です。それが保育という営みの難しさなのですが、楽しさでもあります。

（田澤）

## 1つのあそびを子ども達が十分に楽しむ

　かき氷パーティーがよほど楽しかったのでしょう。子ども達はその楽しかった思いを再現しようと、かき氷パーティーのことを思い出しながらイメージを広げ、ごっこあそびに展開していきます。本物らしさを追求してかき氷マシンを作る子、氷づくりを担当する子、かき氷のシロップを担当する子、それぞれの子どもが役割をもち、イメージがはっきりとした形になっていきます。そしてかき氷やさんのあそびの楽しさが十分経験され始めた頃、おまつりという言葉と結びつき、子ども達のイメージが爆発的に広がっていきます。

　このようにあそびのイメージが広がっていくには、核となる1つのあそびを子ども達が十分に楽しむことがなにより大切です。楽しい経験、満足いく経験をした子ども達は、さらにもっと楽しいことはないか、楽しめる工夫はないかと探究する意欲に溢れていきます。本実践では、その子ども達の意欲が、かき氷やさんからおまつりごっこへ発展させていくのです。

　一方、小学校の学びにおいても、主体的で対話的で深い学びが求められています。そのなかで今回のおまつりやさんのような探究的な深い学びが起こるには、まずこうした楽しい経験、試行錯誤して時に失敗しながらも満足や納得のいく経験をたくさん積んでおくことが重要なのです。

（吉永）

🏠 うーたん保育園（神奈川県）
瀬山さと子

# どんなおとまり保育にする？

うーたん保育園では、年長児が園に一泊するおとまり保育を行っています。
今年はどんなおとまり保育にしたいか？
企画も運営もすべて子どもたちが実行していく様子を紹介します。

## あそびのきっかけ

### 「どんなおとまり保育にしたい？」（4月）

1回目のミーティング。「おとまり保育、やる？　やらない？」

2回目のミーティング。「こんなことしたい！」

年長組に進級したばかりの4月。担任が年長の子ども達に問いかけました。「年長さんになると、おとまり保育があるね。今年はおとまり保育でどんなことがしたい？」「ナイトプール、はなび、えいが……」。子ども達は口々にやってみたいことを発表します。次のミーティングまでに、自分がやりたいことを紙に書いてくることにしました。

## あそびのひろがり 1

### 「なにがしたい？」（4月）

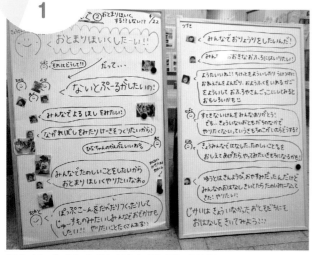

●ナイトプールに入りながらながれぼしを見たい
●おばけやしきを作りたい！などなど、楽しい企画がたくさん

紙に書いてきた案を一人ずつ発表

次のミーティングでは、それぞれが紙に書いてきたことを発表しました。たくさんのアイデアが出てきたので、ボードに書いていきました。中には実施は難しそうなものもありましたが、担任は頭ごなしに否定することはせず、どうしたら実行に移せるのかを子ども達が考えていきました。「くだもの狩り」はこの季節に収穫するくだものがなかったり、「トランポリン」はあそべる場所が遠くだったりで、実施は無理だという結論に。でも調べた結果なので、採用されなくても納得できました。こうしたプロセスを経て、実行できることがしぼられていきました。

券を買う機械も作らなくちゃ

## 「お風呂を温泉にしたい」（5月）

うーたん保育園は複合福祉施設の中にあり、同じ建物には
みんなで入れる大きい風呂の設備も整っています。「お風呂
を温泉みたいにしたいんだけど、だれか手伝ってくれるかな」。
ある子の提案は、みんなの賛同を得られました。早速、近
くの温泉施設を見学することになりました。施設の中を回っ
たあと、いろいろな質問に答えてもらいました。

「入口に大きい布がかかっていたよ」
「券売機と券があったね」
「脱いだ洋服をしまう所がたくさんあった」
温泉を作る準備が始まりました。

## 「温泉作り」（6月）

子ども達は、ロッカーから作り始めました。見てき
たロッカーと同じ大きさのたくさんの段ボールを集
めて塗ったり切ったり組み合わせたり。数が多いの
で大変です。のれんはパッチワークのように布を縫
い付けました。入場券や看板も作らなければなりま
せん。思っていた以上に時間がかかりました。

ロッカー作りは、扉を開ける向きまでよく考えて

「部屋では狭い」。ロッカーは屋上で作ることに

女の子用と男の子用ののれんは縫い合わせて

## 雨が降ったらどうする？（6月）

Hちゃんはカップケーキ作りをプレゼン

着々と準備が進む中、おとまり保育の当日、もし雨が降ったら、公園に行くことも、ナイトプールに入ることも、花火をすることもできないと子ども達は気付きました。雨の日バージョンも考えておかないと……。「お化け屋敷、どうかな？」という意見が採用されて、早速その準備も始まりました。「カップケーキを作る時間もできるね」。Hちゃんはどんなカップケーキが作りたいか、みんなにプレゼンをしました（おとまり保育当日は晴れたので、お化け屋敷とカップケーキは翌週に楽しみました）。

## ドキュメンテーションとカウントダウンカレンダー（6月）

どんなおとまり保育にするかの話し合いは続いていました。「決まったことは書いていこう」と、模造紙に書いて廊下に貼りだしました。すると、年長クラスの保護者はもちろん、年長クラス以外の保護者の方たちも楽しみに見てくれるようになりました。「おとまり保育まであと何日？」ということばが繰り返されるうちに、「みんながわかるように書いてめくれるようにしようよ」と、カウントダウンカレンダーの製作も始まりました。一人ひとりの個性あふれるカレンダーは、保育園中の人達が毎日、楽しみにしていました。

カウントダウン。おとまり保育まであと10日

決まったことは紙に書いて掲示

## おとまり保育当日（7月）

いよいよおとまり保育当日です。子ども達が決めた盛りだくさんのお楽しみが次々に進んでいきました。そしてお風呂タイムとなりました。温泉作りに夢中だった子ども達が中心となり、みんなが来る前にのれんを掛け、券を渡す場所を作り、ロッカーを設置しました。お客さんの子ども達も、ワクワクしながらやってきました。入浴時間はわずかでしたが、みんなで力を合わせて作ってきた道具を使っての温泉ごっこは最高の笑顔でした。

受付はこちらです

ロッカーも大活躍！

# この実践の中で見られた
# 子ども達の10の姿

| 健康な心と体 | 自立心 | 協同性 | 道徳性・規範意識の芽生え | 社会生活との関わり |
| 思考力の芽生え | 自然との関わり・生命尊重 | 数量や図形、標識や文字などへの関心・感覚 | 言葉による伝え合い | 豊かな感性と表現 |

＊実践の中で見られた子ども達の10の姿を、項目別に表しています。色が濃いほど、子ども集団として、その姿が多く見られたことを示しています。全体としての姿なので、子ども一人ひとりに目を向けると、また違った姿が見えてくるでしょう。

## 子どもの力を信じて見守る

瀬山さと子

　自分達がやりたいことを提案して自分達の力で作り上げる「お泊り保育」の実現に向けて、子ども達は度々ミーティングを開いていました。お互いの気持ちを言葉で伝え合ううちに、やりたいことのなかには物理的に不可能なものもあると気付きましたが、こうしたやりとりの中に、自立心や思考力の芽生えを感じました。また、地域の方々や同じ建物内の別な事業所の職員に話を聞いたり、現場を見学せてもらったりして、社会との関わりを広げることも経験しました。「お泊り保育」に必要な物を自分達で準備する中で、数量・図形、文字等への関心を深めながら、子ども一人ひとりが豊かな感性と表現力を発揮していったのです。日頃は、自分のやりたいことだけに没頭する子達が、このときばかりは共同で作り上げていくために必要な約束やルールを感じとり、何より協同性の心地よさにひたっている様子が印象的でした。

　子ども達が自分達で決めたことを自分達の力で実現していくためには、保育者が子ども達の力を信じ、いつでもフォローできるようにそばで見守っていくことが大切さだと実感しました。

## 園生活の自然な流れとしての行事

　行事に向けての子ども達の姿が記されている事例です。幼稚園教育要領では行事について、「幼稚園生活の自然の流れの中で生活に変化や潤いを与え，幼児が主体的に楽しく活動できるようにすること〜」とあります。保育所保育指針には同じような記述はありませんが、この行事の定義が大切であることに変わりありません。

　事例の中で子ども達はお泊まり会に向けて、試行錯誤を繰り返しています。大人が用意し子どもがこなすような行事のあり方ではなく、「主体的に楽しく活動」しているからでしょう。主体的だからこそ次から次へとアイデアが出てきて、生活を楽しんでいるのがわかります。行事が「園生活の自然の流れ」の一部なのでしょう。

　行事はその日だけでなく、そこに向けての生活がわくわくとしたものとなり、また、その後の生活がさらに豊かなものになる過程こそが大事です。行事の数が多すぎても、生活に活かす余裕がなくなったり、こなすだけになって過程がなくなり、生活と行事の主従が逆転してしまいます。

　行事のために生活をするのか、それとも生活のために行事があるのか。どちらが子どもが主体的にわくわくできるかは一目瞭然です。

（田澤）

## やりたいことを自分の力で考え、調べ、実行に移す

　幼児期後半になると、保育者の支えは必要ですが、子ども達はやりたいことを自分の力で考え、調べ、実行に移すことができるようになってきます。本実践では、保育者がおとまり保育について投げかけています。クラス全員が1つの活動に取り組んでいくには、まず何をしたいか、どうやったらできるのかを子ども達自身が考え、話し合いを通して納得するプロセスが大切です。また、話し合いの内容が子どもの育ちや思いに合っているか見極めることが重要です。幼児期後半になれば園での経験も増え、自分の好きなあそびでなくても、これまでの園生活で楽しみにしていることや憧れていることがたくさんあります。こうした経験や思いに沿った内容であれば、子ども達は主体的に話し合いに取り組めるでしょう。

　また、話し合いのプロセスが分かるように、誰が何を言ったか、文字だけでなく記号や絵等も取り入れながらホワイトボードや模造紙にまとめておくと、そのまとめが考えを形成する支えになったり、人の考えに興味をもったり、目的意識をもって活動することにつながったりします。話し合いは話し言葉なので流れて消えてしまうものです。それを保育者が書くことによって「見える化」し、小学校の学習で求められる、主体的に話し合う力の基礎を育んでいくことが大切です。

（吉永）

# 流しそうめん

去年の夏、流しそうめんをしたことがある年長児達。でも、ひとつ心残りがありました。
それは、"園のみんなに食べてもらいたかったこと"。
年長児の夏、その思いを忘れていなかった子ども達の再挑戦が始まりました。

**あそびの
きっかけ**

### 「じゃがいもパーティ」（6月頃）

冬から育ててきたじゃがいもの収穫をむかえ、「じゃがいもを使った料理を作ってみんなに食べてもらいたい」という思いから話し合いが始まりました。メニューを決め、料理に必要な材料の買い出しに行き試作をして……。じゃがいもパーティ当日は年中児、年少児にも食べてもらい、大喜びの子ども達でした。

メニューはフライドポテトとじゃがもち

計量は慎重に

**あそびの
ひろがり
1**

### 「そういえば、流しそうめん！」（7月上旬）

子ども達は他学年が喜んでいる姿を見て、「そういえば、流しそうめんもやりたかったんだ」と思い出しました。「流しそうめんをするなら "竹が必要だ"」と竹探しが始まりました。

**あそびの
ひろがり
2**

### 「どこで竹を手に入れようか」（7月中旬）

竹を分けてくださる方が見つかりました。竹やぶまでの地図を描き、いざ竹取りに！　竹やぶに入ると、おじいさんが道具を使って切り、切った竹をさらに半分に割りました。初めて見る工程の中で、ノコギリ・ナタ・ノミ・トンカチなど、道具の使い方を知りました。

どの竹にしよう？　慎重に選別

手作りの地図で園までの帰り道を確認

ふし取りに興味津々。間近で観察

## 「竹のふし取りも、自分達でやってみたい」（7月中旬）

竹やぶから園までの長い道のりは、3チームに分かれ、各チームが2mの竹を肩にかついで持ち帰りました。

おじいさんのまねをしてふし取りに挑戦

## 「竹を長くして水を流したい〜水はのぼらない〜」（7月下旬）

1本の竹の長さでは、流しそうめんには短すぎます。「もっと長くしたいよね」と園庭に2本の竹を持ち出して、工夫が始まりました。高低差をつけるために1本目の竹を高くし、2本目の竹の片側にバケツを置きましたが、2本の竹のつなぎ目から水が溢れ出してしまいました。「水は上にはのぼらないんだよな、どうしたらいいかな」と試行錯誤。「真ん中も高くしないとだめだ、タイヤを置いてみよう」と様々な形のタイヤを組み合わせて試します。同じサイズのタイヤを重ねた方が安定することに気付き、ようやく途中のつなぎ目からこぼれずに、水が流れるようになりました。

丁度よい流しそうめん台を様々な素材で試し中

もう1本タイヤを入れたら水が流れるかな？

# 「もしもに備えて」（8月上旬）

「もし、流しそうめんをする日に雨が降ったり暑過ぎたりして、外に出られなかったらどうしよう？」。万が一に備えて保育室の中でも流しそうめんができるかどうかを試しました。竹は台を使ってつなぐことができましたが、今度はこの長さで他学年の全員が並んでも足りるかが心配に。試しに、実際にみんなに並んでもらうことにしました。でも、並ぶだけでは面白くありません。「ここに並んで、流れてきたらキャッチしてね」と、そうめんの代わりに園庭で拾い集めた"桃の種"や細長く切った"新聞紙"を流しました。年下の子ども達は、年長児の真剣な説明と楽しそうな"流しそうめんごっこ"で、「はやく流しそうめんがしたいな」と期待を高めました。

新聞紙のそうめんを流して予行練習

「かつお節でめんつゆを作りたい」。めんつゆ作りを園長先生に聞きに行きました。「たっぷりの水が"沸騰"したら…」という言葉を聞いて、子ども達の中に「沸騰とは？」と疑問が生まれました。早速クラスに戻り、鍋にたっぷりの水を入れて火にかけました。鍋のなかに小さな泡が出て、次第に大きな泡へと変化していきました。湯気ももくもくと出て来るのを見て、「これが沸騰だ」と気付きました。

めんつゆの作り方は忘れないうちにメモ

前日に使う道具、調味料を確認

かつお節でとっただしはいいかおり～～

## あそびの ひろがり 7

## 「本番当日 ～流しそうめんまつり～」 （8月中旬）

朝から準備に大忙し。めんつゆ作り・そうめん茹で・会場作りやチケット作り、会場案内図……。それぞれの役割を友達と協力して進めていきました。「頭にハチマキを巻こう」というアイデアも浮かんで"流しそうめんまつり"の始まりです。年下の子ども達を招待できただけでなく「おいしかった、たのしかった」と喜んでもらえたことで、年長児は「よかった、やっと成功した」と大満足でした。でも、当日参加できなかった子がいたことと、暑過ぎて外でできなかったことが心残りでした。年長児クラス全員がそろった日に園庭で流しそうめんを行い、みんなの願いが叶いました。流しそうめんに使った竹を再利用した楽器や竹ぽっくりなどの遊具作りも始まっています。

「みんな来てくれるかな？」。ドキドキしながらチケット作り

そうめんの茹で時間60秒をみんなでカウントダウン！

そうめんまつりのはじまり～！

# この実践の中で見られた子ども達の**10**の姿

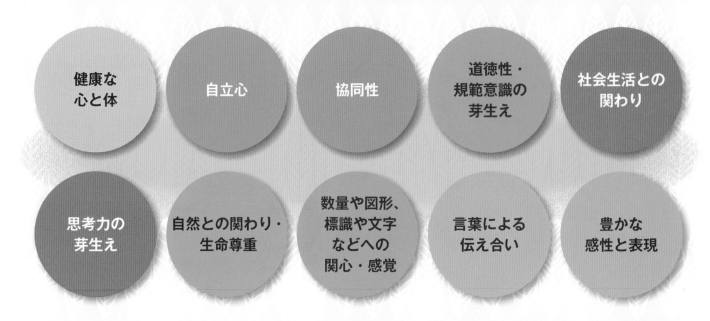

- 健康な心と体
- 自立心
- 協同性
- 道徳性・規範意識の芽生え
- 社会生活との関わり
- 思考力の芽生え
- 自然との関わり・生命尊重
- 数量や図形、標識や文字などへの関心・感覚
- 言葉による伝え合い
- 豊かな感性と表現

＊実践の中で見られた子ども達の10の姿を、項目別に表しています。色が濃いほど、子ども集団として、その姿が多く見られたことを示しています。全体としての姿なので、子ども一人ひとりに目を向けると、また違った姿が見えてくるでしょう。

## 子どもの願いによりそう保育を

青木史織

　長い竹を長距離運ぶことは大変な作業でしたが、運び手を交替するなど互いに助け合う姿に、自分達で運びたいという強い意志を感じました。年中、年少クラス全員を集めて竹のサイズを確認する場面では、楽しんでもらえるあそびを考える過程で協同性が発揮されました。竹林に行って、おじいさんが竹を加工する様子を見学した体験は、自然と触れ合うだけでなく、不思議さとの出合いでもありました。

　「流しそうめん」と並行して「おまつりごっこ」を楽しむグループもありましたが、そうめん祭りというネーミングを提案したり、当日は鉢巻をしめて参加したりと、違うあそびが交わり合い、互いのあそびをより豊かにしました。

　子ども達は1年前にやり遂げられなかったことを忘れず、人の意見を聴いたり、協力したり、試行錯誤を重ねたりしながら、粘り強く実現させました。一つひとつの小さな成功が自信となり、次の「やりたい」につながりました。時間を忘れるほど没頭できる環境と心動かされるものとの出合いを保障し、そこから動き出す力を支えることを大切にしていきたいと思います。

## 再浮上するあそび

　この事例の中には、「じゃがいもパーティ」で自分達がつくったものを年少、年中の子ども達が喜んで食べている姿を見て、「そういえば、流しそうめんもやりたかったんだ」と以前の考えを年長児が思い出す場面があります。

　この場面のように、子ども達のあそびはずっと続くのではなく、途中で忘れたり、他のことに興味が移ったりして、しばらくたった後、何かをきっかけに「またやろう」となることがあります。以前楽しかったあそびへの思いが再浮上するというようなイメージです。

　思いが再浮上するきっかけはいろいろです。日々の生活の中でふと思い出されることもあれば、この事例のように他者の姿を見て心が動き、共鳴することもあります。また、あそんでいた様子や、そのあそびに関した写真などを掲示しておくと、それを見て再浮上することもあります。

　あそびへの思いが再浮上したときに、その思いが実現できるような保育者の援助や環境構成も大切です。事例では「竹が必要だ！」となったときにすぐに竹探しに出かけています。すぐに行動しなければ子ども達の思いはまた沈んでしまったかもしれません。再浮上したあそびへの思いが冷めないうちに即行動する。これも保育者の大切な援助の一つです。

（田澤）

 ## 子ども自身が試行錯誤する時間を大切に

　子どものあそびへの思いは長く継続することもあれば、一旦途絶えたことが何かをきっかけに急に盛り上がったりもします。子どものわずかな心の動きを保育者がしっかり感じ取り、子どもの思いを支えていったからこそ、この流しそうめんの活動は大いに盛り上がり、子ども達は始まりから終わりまで自分達の力でやり遂げた、と感じられたことでしょう。また、二本の竹の上手なつなぎ方や、高いところから低いところへ流れる水の性質に、試行錯誤しながら気付いていくプロセスをとことん見守ってくれる保育者の存在があったからこそ、子ども達の思考力の芽生えが存分に発揮されています。

　これは小学生でも同じことです。子どもの思いに関係なく新しい学習をどんどん進めてしまったり、時間がないからと試行錯誤の機会を奪って教師が一方的に詰め込んでしまったりすることなく、子どもが「挑戦したい」と思うような活動や興味関心に合わせた導入を工夫したり、子ども自身が試行錯誤する時間を大切にしたりすることが小学校においても大切です。

　子ども自身が見通しをたてて、最後まで自分達の成し遂げた達成感や充実感を十分に感じられる経験を幼児期にたっぷりしておくことで、小学生になっても子どもが自分の力で学習の目標をたて、最後まで自信と意欲をもって学ぶことにつながっていきます。

（吉永）

# 自分達が育てた野菜で販売体験

風光るゆめの森は園舎の隣に畑があり、野菜を育てています。
年長児はクッキングでピザを作るため、ミニトマトとなすを育てます。
育てる過程で、水やり、芽かき、支柱を立てる、支柱に茎を結び付ける、などの作業を率先して行っていました。

**あそびの
きっかけ**

大きくなあれ

## 「余った野菜をどうしよう？」

一生懸命育てたので、トマトもなすも、たくさん収穫できました。毎日の給食やクッキングに使っても余るほどです。そんな時、子どもから「たくさんなってるトマト、スーパーで売ったら！」という声が。販売できる場所を探したところ、宮崎市で毎月1回開催される「街市」というイベントに出店できることになりました。

**あそびの
ひろがり
1**

高い台にのって
支柱立て

## 「野菜を売るには、どうしたらいいかな？」（5月）

出店の条件は2つありました。
1. 販売する野菜の数が安定していること。
2. 宮崎県産の野菜にしてほしいこと。
   園の畑の収穫は必ずしも安定しているとはいえません。ミニトマトやなすは宮崎県の特産品でもありません。どうしたらいいか、子ども達と話し合いました。その結果、
● 芽かきしたものをポットに移し苗をつくる（苗は街市で野菜を買ってくれたお客さんへプレゼント）
● 足りない分は近くの農家から宮崎県特産の野菜を仕入れることに決まりました。

## 「農家を見学」（5月）

特産の野菜を仕入れさせていただく「しょうが農家」と「しいたけ農家」を見学することになりました。地域にどんな農家があるのか、また農家の人達が野菜を販売するためにどんな作業をしているのかを知る、貴重な体験になりました。特に、しいたけは涼しい建物の中で栽培されていることにびっくり！　すべての野菜が畑で育つわけではないことを知りました。

しょうがは使いやすい大きさに切って袋詰めします

こんな大きいしいたけ、初めて見た！

農家の人の話を聞く態度も真剣そのもの

## 「販売の練習は、お店屋さんごっこで」（6月初旬）

実際に街市の当日に使う、「いらっしゃいませ」「100円いただきます」「はい、おつりです」「ありがとうございます」などの言葉をピックアップして使い慣れることを目的に、お店屋さんごっこをしました。年中クラスの時に経験したお店屋さんごっこでは1000円1枚でなんでも買えたので、おつりを渡すことにとまどっている子どもも見受けられました。

いらっしゃいませ、なにかお探しですか？

はい、400円のおつりです

## 「お金の勉強」（6月中旬）

街市では実際にお金を扱うため、どのお金が何枚集まるといくらになるのかをわかりやすく図にして掲示しました。子ども達は徐々に興味を持ち始め、「5円玉が10枚あつまると50円になるんだね」「10円玉10枚だといくらになるかわかる？」。クイズを楽しむように、お金の勉強が続きました。

☆10あつまると どのおかねにへんしんするかな？

お金の勉強、おもしろいけど難しい

袋に入れるトマトの数、間違えないでね

## 「野菜の収穫とパック詰め」（6月下旬）

街市当日は、土曜保育を利用して、年長児全員で園の畑のトマトとなすを収穫しました。収穫した野菜はパックに詰め、「ありがとうございました」などお礼のメッセージも貼って、感謝の気持ちが伝わるようにしました。

お客さんの目を
惹く看板

## あそびの
## ひろがり
## 6

# 「『YUME VEGE』
# オープン！！」（6月下旬）

街市当日、宮崎市の中心街に設けられた会場にバスで移動。
「YUME VEGE」、いよいよオープンです。揃いの衣装（前掛
け・シャツ・鉢巻）の子ども達が大きな声で「いらっしゃいませ」「ト
マトいかがですか」と声を掛けると「おいくらかしら？」とお客
さん達が寄ってきます。「はい、100円です！」。緊張しながら
も、お店屋さんごっこで練習してきた成果を発揮。代金を受け取っ
たり、おつりを渡したり、普段はできない経験を楽しんでいま
した。お客さんとのコミュニケーションを楽しむ姿は、保護者に
とっても我が子の成長を実感できる貴重な機会となりました。

いらっしゃいませ、
なにをさしあげましょう

はい、おつりです。
ありがとう
ございました

# この実践の中で見られた
# 子ども達の10の姿

| 健康な心と体 | 自立心 | 協同性 | 道徳性・規範意識の芽生え | 社会生活との関わり |
| 思考力の芽生え | 自然との関わり・生命尊重 | 数量や図形、標識や文字などへの関心・感覚 | 言葉による伝え合い | 豊かな感性と表現 |

＊実践の中で見られた子ども達の10の姿を、項目別に表しています。色が濃いほど、子ども集団として、その姿が多く見られたことを示しています。全体としての姿なので、子ども一人ひとりに目を向けると、また違った姿が見えてくるでしょう。

## 「地域を巻き込む体験型保育」

横山和明

　野菜を育てるには手間がかかることを知り、子ども達は食材の大切さに気付きました。そして、「勿体ない」という気持ちが野菜の販売につながり、売り買いをするためにはルールがあり、ルールを身につけなければならないことを知りました。

　保育者には、「自分の住んでいる地域にはどんな農家があるのか、そして野菜がスーパーの商品になるまでに、農家の人達がどんな作業をしているのか」を子ども達に知ってほしいという思いがありましたが、子ども達は地元農家の方と触れ合うことで、働く人達への尊敬の念や地域への愛着も抱くようになりました。

　街市での野菜販売では現金を扱うため、「どの硬貨が何枚集まるとどの硬貨と同じになるのか」をクイズを解くように模造紙に書いて保育室に掲示しましたが、こうしたあそびを通して数量や図形に興味を持ち始め、街市でのやりとりを学んでいきました。そして街市当日、お客さんと楽しそうにコミュニケーションをとっている姿には、子ども一人ひとりの大きな成長が感じられました。

　野菜作りから街市での販売まで、子ども達と対話しながら共通の目的に向かって活動を続けましたが、「楽しさ」が子ども達や職員の成長につながることを実感しました。

## 地域の資源を活用する

　「街市」で野菜を売るために農家に見学に出かけたり、街市に出店して地域の人と関わったりと、積極的に園外の資源を活用しています。

　園外、地域には様々な資源があります。それはそれぞれの園の環境によってもちろん違いますが、どの園であっても、その園が存在する地域には子ども達を刺激するような資源がたくさんあるはずです。

　この事例では、まず街市に出店するための二つの条件を自分達なりに考えるだけでなく、地域の農家に見学に出かけています。それによって、すべての野菜が畑で育つわけではないこと、野菜を販売するまでにはいろいろな作業があることなどを子ども達は知ることができました。そして、そこから子ども達の興味が広がり、意欲も高まっています。

　実際に出店したときにお客さんとお金のやりとりなどをしたことも、園の中ではできない貴重な体験です。

　園の中だけより、園の外の方がずっと広く、そして、様々な人がいます。だからこそ、園の中よりも刺激があり、興味の種があり、子ども達だけでは解決できなかったことに対する答えも見つかるかもしれません。もし答えが見つからなかったとしても、　地域から何らかの気づきをもらえるはずです。

（田澤）

## 子どもにとっての「本物」の学び

　幼児期後半になると、子ども達はあそびの中で育まれた力を「本物」の場で発揮したいという気持ちがぐっと高まってきます。そして、ごっこあそびにも本物らしさを求めるようになってくるのです。野菜販売の活動では、そんな子どもの育ちが、言葉による伝え合いや数量への関心、社会生活との関わりの姿などとして伸び伸び発揮されています。そして、保育者も地域の大人たちも、子どもの育ちを真剣に受け止めて、地域とのつながりが「本物」になるように支援しているのです。大人が子どもだましではなく「本物」の条件を突きつけているからこそ、ますます子ども達が本気になれるのですね。

　子どもにとって「本物」の学びになっているかどうかということは小学校の現場でもよく話題になります。どこまで「ごっこ」で、どこからが「本物」と分けるのは難しいですが、たとえば「お話の作者に宛ててお話の感想を書いてみよう」といった活動では、小学生にとっては単なる「ごっこ」で終わってしまいます。でも、「お手紙を本当に作者に送ろう」となったらどうでしょうか。子ども達は俄然、やる気になります。学校という閉じた学びの場ではなく、学校外の社会とのつながりが子どもの学びを「本物」にします。子ども達が「やってみたい」と本気になったことをどのように実現するか、社会との連携や協働を図って、「社会に開かれた教育課程」を実現することが、幼小共に大切なのです。

（吉永）

# 幼児教育と小学校教育の
# 実践をどうつなぐのか？

## 幼児期のあそび

　幼児期には、まず子どもたち一人ひとりの大好きな、夢中になれるあそびを保障することが何より大切です。そうして、幼児期を過ごしてきた子ども達は、あそびを通して様々なものやこと、人と出会い、多くのことを知らず知らずのうちに学んでいきます。時には、大きくなったな、いろんなことができるようになったなと、自分の成長に気付いたり、自信をもったりすることもあるでしょう。そうやって様々な経験を通して学び、成長してきた子ども達は、幼児期後半になってくると、自分の興味・関心やあそびだけでなく、友達の興味・関心やあそびにも心惹かれるようになり、それが時に大きなうねりとなって共通の目的をもった協同的な活動になっていくことがあります。本書の幼児期の実践例では、こうした幼児期後半に大切にしたい子どもの興味・関心から生み出されてきた協同的な活動を取り上げてきましたが、これは小学校の学習活動とは少し異なります。幼児期にはまず、子ども一人ひとりの興味・関心があり、そこに活動が生じていくからです。

## 小学校の学習活動

　では、小学校の学習活動にはどんな特徴があるのでしょうか。その特徴の一つに、子どもが学ぶべき到達目標がある、ということが挙げられます。この到達目標に向かって子どもたちが学べるように、教師は学習計画を立てなければなりません。しかしその一方で、新学習指導要領では幼児教育と同様に「主体的・対話的で、深い学び」が求められています。小学校の教師たちは到達目標がある中で、この「主体的・対話的で、深い学び」をどのように実現しているのでしょうか。本書の後半は、子ども達が安心してのびのび、楽しくいきいきと、しかし着実に到達目標に向かって学んでいく実践を取り上げます。こうした実践の重要性は、小学校入学当初のスタートカリキュラムに限りません。本書で取り上げた実践は、すべてスタートカリキュラム後の実践です。１年生だけでなく３年生の実践も紹介しています。スタートカリキュラムも含めて小学校で大切にすべき学びのあり方には、幼児期の学びとの違いももちろんありますが、多くの共通性があります。本書の幼児期の実践例と小学校の実践例を比べてみると、幼児教育から高校まで、「主体的・対話的で深い学び」を大切にしながら一貫して資質・能力を育む、ということの真の意味が浮き上がってくるのではないでしょうか。

（吉永）

# 3章

## 小学校教育の実践例

# 生活／自然や物を使ったあそび
# 「しゃぼんだまで　たのしくあそぼう　大さくせん」
### （1年生・8月〜9月）

**単元のめあて**
しゃぼんだまであそんだり、しゃぼんだまあそびに
使う道具を工夫して作ることができ、しゃぼんだま
の面白さや不思議さに気付くとともに、楽しみな
がらみんなとしゃぼんだまあそびを創り出そうとする。

7月、例年にない暑さで、本来なら校庭の砂場で存分に楽しめるはずの
夏あそび（水あそび）を行うことが、全くできませんでした。そこで、夏休み明け、
子ども達が選んだ「大好きな夏あそび＝しゃぼんだま」をとりあげることにしました。

## 1時間目
## 「好きなあそび方であそぼう！」

**学習の
はじまり**

見てみて。豆腐のパック
を二つ重ねて、上だけ穴
をあけたら、おもちみた
いな形ができたんだよ。

園や家庭生活の中で、しゃぼんだ
まで楽しくあそんだ経験があった
のでしょう。1時間目、子ども達は、
教師が特に投げかけることがなく
ても、思い思いのあそび道具を持っ
てきており、感心しました。既成
の道具を持ってくる児童が多い中
で、身辺材料を組み合わせてオリジナルの道具にしてきた児童がいました。授業の終
わりに、その子達が道具を自分で紹介すると、「えっ、そんなものもしゃぼんだまの道
具になるの！」「○○さんの道具、自分だけのオリジナルだね。私も作ってみたい！」
などの声が上がりました。

## 2時間目
## 「自分だけのオリジナルの道具で、
## もっと楽しくあそぼう」

**学習の
ひろがり
1**

教室の後ろに子ども達から準備をしてほしいと言
われた身辺材料や道具を準備し、自由に手に取れ
るようにしました。長さや太さの異なるストロー、
針金、毛糸などの身辺材料。画鋲、きり、セロハンテー
プなどの道具。子ども達は、思い思いに「オリジナ
ルの道具」を開発し始めました。

## 3時間目「夢中になってあそぶ！」

最初の頃は、一人ひとりが夢中になって自分のあそびを楽しんでいました。「息は、『ふっ！』じゃなくて、『ふうー』ってゆっくり入れないと、割れてしまうよ」「風は、『びゅん！』じゃなくて、『ふわっ』ってすると、大きなしゃぼんだまができるよ」。子ども達は実際にあそびながら、しゃぼんだまのコツをつかみ、「自分の言葉」にして理解していきました。「しゃぼんだまの中に手を入れると、とっても温かいんだよ」。この言葉からは、しゃぼんだまあそびをしていてとても楽しい気持ちや、しゃぼんだまに対する子どもたちの愛情を感じました。

### 道具の工夫

### あそび方の工夫

しゃぼんだまが、
宝物箱になったよ

しゃぼんだまの中に手を
入れてみたら、とっても
温かかったよ

## 4時間目
## 「関わり合ってあそぶ」

やがて、子ども達は友達と誘い合ってあそぶようになっていきました。それぞれのあそび方を組み合わせて新しいあそび方を生み出したり、友達の思い描いたあそび方を協同して実現したり、さらにあそびは盛り上がっていきました。

○○さんの言っていた
しゃぼんだまの「サボテン」、
みんなで協力したら
できたよ！

しゃぼんだまって、
引越しするんだよ。
○○さんのしゃぼんだま
がくっついた！

2人で、
しゃぼんだまの
アイスクリームを
作っているんだ！

## 5時間目
## 「こだわってあそぶ」

どうしても誰よりも大きな
しゃぼんだまを作りたい！

ふりかえり

つぎにやってみたいことも
かいてみてね！

はんがあてでしゃぼんだまのえき
がつかないのがわかっておもしろく
なりました。それでこんとぬけいとを
つかってしゃぼんだまをつくります。そして
だれよりもおおきいやつをつくりま
す。

すっごへい！むずかしいことを おもしろく
かんじるようになったんだ！ ○○○くん
せいちょうしたね。♥

この単元を通して、こだわってあそぶ姿が多々見られました。「どうしても大きいしゃぼんだまを作りたかったAさん」は、丸めたハンガーにしゃぼんだまの膜が張らないことに悩んでいました。しかし、モールを加工してしゃぼんだまあそびをしている仲間を見て、「モールみたいに『もこもこ』していると、しゃぼん液がつくのかもしれない」と、毛糸を巻き付ける方法に気付いていきました。「友達と一緒に大きなしゃぼんだまを作りたかったBさん」は、割り箸の端を4人で持って作る道具を考えました。しかし、なかなか4人のタイミングが合わなかったり、しゃぼんの膜を張ることが難しかったりしました。そこで、まずは持つ人数を2人に変え、次に風の力を利用し、最後に息を吹いてもらう向きを工夫し、思い描いたあそび方を実現していきました。教師はしゃぼんだまメダルを用意し、そこに一人ひとりが実現したいあそびを書くように提案しましたが、書くことによって、自分の思いや願いが明確になったようです。子ども達は、自分の思いや願いを実現しようとこだわってあそぶ中で、試行錯誤を繰り返します。その過程で、気付きの質を高めていきました。

息を合わせて立ったら、やっとしゃぼんだまの膜が張ったよ。下から吹くのは無理そうだから、風の力を借りて、左右にそうっと揺らしてみよう！

下から吹くのは無理だけど、前から吹いてもらう作戦なら、大丈夫そうだ！

「持ち手を4人で持ち、下から1人が吹いてみる作戦」は、4人だとなかなか息が合わないから、2人にしてみたよ。

---

**学習の
ひろがり
5**

# 6時間目 「しゃぼんだまあそびって、楽しいよ」

存分にしゃぼんだまあそびを楽しんだ子ども達。年明けに行われた「幼保小交流会」では、年長児の子ども達としゃぼんだまあそびを楽しみました。

**単 元の振り返り**
子ども達は何度も「しゃぼんだま」とあそんだり、発見や疑問を友達と伝え合ったりすることで、体験活動と表現活動の相互作用を繰り返していました。そこでの「気付き」が、子どもたちを自立に導き、生活を豊かにしていきます。

**子 どもの振り返り**
いろいろな道具を使って試してあそんで、面白かったよ。友達と力を合わせたら、とっても大きなしゃぼんだまができたよ。すごいでしょ！これからも面白いあそびが作れそう！　楽しみだな。

# 学習環境の工夫

### 「子ども達に、安心と仲間をつくる『あそびスペース』」

　教室の後ろには、幼児期に子ども達が慣れ親しんだ、様々なあそびを準備しておく「あそびスペース」をつくりました。「絵本」「カルタ」「ジェンガ」「折り紙」「パズル」などです。園生活での流れと同じように、朝の支度が終わった子どもから、このスペースで思い思いの時間を過ごします。この空間と流れが子ども達の「安心」を生みます。また、それぞれが自分の好きなあそびを楽しんでいるうちに、一緒のあそびを楽しむ「仲間」ができてきます。１人で小学校に入学してきた子どもにとって、あそびを介した仲間ができることは、どんなにか心強いことでしょう。

## 幼児教育と生活科の共通点

　子ども達は椅子に座って前を向き、先生と黒板を見つめている……。保育者が思い浮かべる小学校の授業のイメージはこんな感じかもしれません。けれども、この事例にはそういった姿が全く見られません。生活科という科目の独自性もあるのかもしれませんが、「小学校は先生の言うとおりにする場所ではない」ということが伝わってくる事例です。

　生活科は低学年の1年生と2年生が対象ですが、単に理科と社会を足した科目ではありません。「直接体験を重視した学習活動を展開し、意欲的に学習や生活ができるようにする」ことが科目創設趣旨の一つになっていることからもわかります。これは幼児教育と近い方向性です。事例のようにしゃぼんだままで夢中になってあそび、その中で様々な工夫をするうちに、子ども達はたくさんのことを学んでいます。これは、3年生以上の学習につながるのはもちろんですが、それだけでなく、楽しく意欲的に関わりながら工夫すること、関わり合うことの大切さなど、生きるための大切な根っこを育てているのです。これは幼児教育との共通点でもあります。

　本書の小学校の事例は、どれも幼稚園、保育園の子ども達に見せてあげたくなるものばかりです。意欲的に授業に参加している子ども達の姿を見れば「小学校は楽しいところ」だと感じてくれることでしょう。

（田澤）

## 充実した経験の中で自信を身につける

　幼児と同じように、小学生だって大人だって、楽しいことは時間を忘れて夢中で取り組めるものです。門田教諭はこの当たり前を大切にして、子ども達が楽しく、夢中になれる授業の工夫をしています。園や家庭で経験してきたしゃぼんだまあそびを楽しむ時間を十分に取り、これまでの経験を思い出して、これからの学びの原動力になる「楽しい！」「もっとやりたい！」気持ちを膨らませています。

　また、オリジナルの道具をつくってきた子どもの姿を教師が認め、クラス全体で共有することで、創意工夫することがクラスの学びの目的になり、創意工夫する力が育まれるべき資質・能力なのだと、子ども達が自覚できるようにしています。子ども達はもっとうまく、大きくしゃぼんだまを膨らますにはどうしたらよいか創意工夫する中で、しゃぼんだまの性質や道具への関心や理解を深めていきます。また、あそび方を工夫する中でしゃぼんだまへの愛着を深め、友達と力を合わせる必要にも気付いていきます。そしてあそびを通して学んだことに自信をつけた子ども達は、幼保小交流会で年下の子ども達にも、自分の言葉で分かりやすく伝えたくなっていきます。充実した経験の中で身につけた自信は、生活科の学びに留まらず、国語の学習への意欲や、中学年以降の理科の学習の基盤になっていくのです。

（吉永）

横浜市立池上小学校 （神奈川県）
駒木雅人

## 図画工作／A表現（2）工作に表す、B鑑賞
# 「びっくりピョーン」
### （1年生・9月）

**単元のめあて**
「簡単な仕組みを使った動くおもちゃを工作する」ことを通して、形や色、方法や材料を工夫する力を養う。

ペットボトルのおもちゃは、吹き込んだ空気が穴から出てくる力で動き出します。
小学校に入って、"はじめてのおもちゃ作り"の様子を紹介します。

**学習の
はじまり**

## 1時間目
## みんなで練習

「ペットボトルで動くおもちゃを作ってみよう」と言っても、工作が苦手な児童はアイデアが浮かぶまでにたくさんの時間を要してしまいます。そこで、練習がてら、動く装置にも使える工作をしてみることにしました。

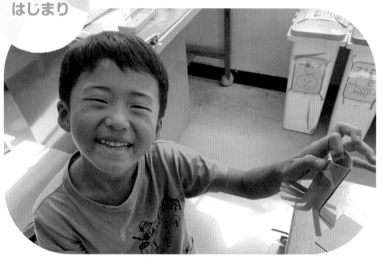

上手に接着して動く8本足が完成

4本の足を一気に重ね切り

**学習の
ひろがり
1**

## 2時間目前半
## 友達のアイデアは
## 大事なエッセンス

製作を始める前に、「ピョーンって動くもの、どんなものを思いつく？」と子ども達に投げかけました。すると作ってみたいものが具体的に挙がりました。さらにそれを「生き物」「乗り物」「スポーツ」などにジャンル分けしたり、友達のアイデアを参考にしたりしていくうちに、一人ひとりのイメージが固まっていきました。たっぷり対話の時間をとることは、作りたいもののイメージが固まるだけでなく、何を作りたいか思い浮かばない子ども達への助け船になります。教師はいきものや乗り物の写真や、製作するときに使いそうな道具の絵など、可視化できる授業に配慮しました。

ワニの口も面白そうだなあ

## 学習のひろがり 2

### 2時間目後半 過去の良いアイデアを共有化して作品作りに活かす

過去の授業で子ども達が描いたり作ったりした作品には、学んだこと、教わったこと、自分で発見したことなど、いろいろな技が蓄積されています。クラスメイトの過去の作品を見ることは、子どもにとって何よりの学びです。そこで子ども達の作品を教室のいたるところに展示するようにしています。それらを見ることで、子ども達は「塗り方」「貼り方」「切り方」など、工作に必要なことを学び、実際に自分でもやってみることで、生涯使える技能を身につけていきます。

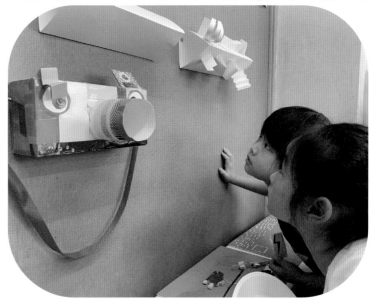

以前に作った学校探検カメラを見て、タコ足や蛇腹などの動く仕組みを確認

## 学習のひろがり 3

### 3時間目 大切なのは試行錯誤の過程

子ども達の工作活動は始まったばかり。必ずしも順調ではありません。息を吹き込んだら動くはずの装置が思い通りに動かないことも多いのです。①息を吹き込む穴の数、②穴の大きさ、③動く装置の位置、④装置の重さ、⑤接着の仕方をチェックしていきます。どうしたら問題を解決できるか？こんなときが、一番子ども達の脳が活性化しているようです。
このとき教師は安全面の配慮からペットボトルの穴あけは担当しますが、それ以外は子どもの発見を待つようにしています。なぜなら自力で解決することが、できないことに向かう気持ちや挑戦する力を養うと考えるからです。そして教師から教えられたのではなく、自分の力で獲得した技法が図工の力をより高めていくのです。工作の評価は完成品の出来栄えになってしまいがちですが、ほんとうに大切なのは、何度も何度もあきらめずに調整を繰り返す試行錯誤の過程です。

穴の位置はここでいいかな？

強く吹いてもなかなか動かない！

大きいカブトムシ、飛ばしたい！

びっくりとびはねるネコ

逃げるトカゲも面白そう

## 4時間目
## 価値ある学び＝
## 友達との教え合い

子ども一人ひとりが、小学校に入る前に園や家庭でいろいろな工作の経験をしてきています。そしてその間に培ってきたアイデアや方法をたくさんもっています。小学校に入学して、教師から教わるだけだったらそこから得られるものはごく僅かです。けれどクラスメイト同士で教え教わるとしたら、そこから得られる学びは10倍にも100倍にも膨らむでしょう。そんな環境や時間をマネジメントすることが、子ども達が図工を好きになり、さらなるアイデアを考えるきっかけになると思っています。

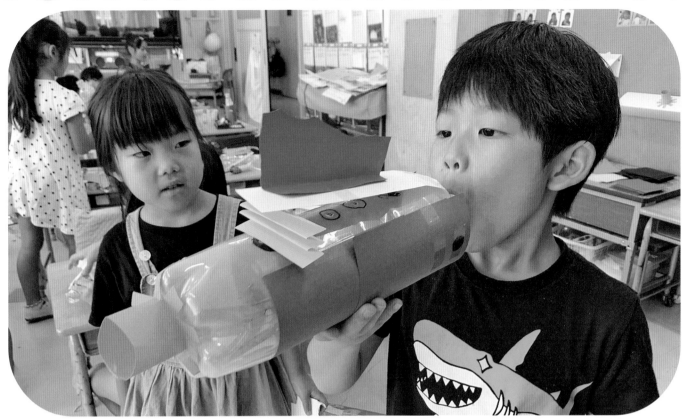

上手に動くか見ててね

ここの穴、ふさいだほうがうまくいくかも

**単元の振り返り**
子どもの「作って試して直して」が何度も繰り返され動く仕組みの方法や応用が洗練されていきました。鑑賞時間には自分の作品を自信をもって友達に話す子ども達の姿が見られました。

**子どもの振り返り**
「友達の作品を見ると、楽しくなりました」
「○○ちゃんに教えてもらって穴の位置を変えたら、思い通りに動くようになりました。○○ちゃん、ありがとう」

# 学習活動・学習環境の工夫

### 主体的、対話的で深い学びを目指すカーペット

　教室中央にカーペットをしいて、園でも馴染み深いサークルタイムを取り入れました。少人数で何度も話す。考えたことを隣にいる友達にアウトプットする。そんな環境や時間を設定することが、これからの子ども達には必要だと考えます。

　例えば、本校で取り入れている「お話タイム」。
「〇〇 〇〇（名前）です」「好きな食べ物は△△です」「よろしくお願いします」……この3文を全員が話すという時間です。これをサークルタイムで行います。隣の子にまず練習として話すことで自信がつきます。とっさに思いつかないときも、友達の好きな食べ物を聞いて思い出したり、似ているものを言ったりすることもできます。「話す・聞く」の場面を多く取り入れたことで、話すことに自信がついた子が増えたように感じました。

### 思いや願いに寄り添う教室掲示

　だれかの思いへの共感を大切にしたり、だれかの「？」をみんなの「？」として共有するために、教室を子どもたちの言葉で埋め尽くしたいと思っています。入学した当初、ある子は家に帰って「学校は『？』がいっぱいで大変なんだよ」「でも、みんながいるから解決できるんだ」と話していたそうです。

### 学習へのわくわく感を耕す
### あそびコーナーの設置

　学習へとつながる材料や素材を誰でもあそべるコーナーに用意し、朝の支度の後や休み時間にあそべるようにしています。幼児教育の環境構成を参考に、教室中に広がるたくさんのブロックやサイズの違う折り紙、カードゲームやおはじき、学校探検で見つけたけん玉やお手玉、そして図書室から借りてきたたくさんの本をいつでも手に取れる場所に設置しました。あそびから自然と子ども同士の交流へとつながっていきました。

##  子どものための「見える化」

　この事例では、学習のポイントをわかりやすく伝えるための「見える化」に注目してみます。「学習のひろがり1」の写真の黒板はとてもわかりやすく項目分けされています。ヒントになるように写真などもうまく活用されています。何を作るか決めるとき、考えを整理しやすいことでしょう。このような「見える化」の工夫は幼児教育でも参考にしたいところです。

　また、「学習のひろがり2」では子ども達が過去の作品の展示を参考にしている姿が見られます。幼稚園教育要領等の領域「表現」の内容に「かいたり，つくったりすることを楽しみ，遊びに使ったり，飾ったりなどする。」とあります。ここでの「飾る」は保護者に見てもらうだけではなく、それを見た他の子の刺激になったり、作った子を認めたり、認められた子は自信を持ったり、と多様な効果が得られることも考えられます。「飾る」は幼児教育でも活用できる方法のひとつでしょう。

　過去の作品を掲示しても、それを作った子どもが目の前にいるとは限りません。しかし、実物を見ることで切り方や塗り方など、工夫するためのヒントが具体的に得られるので、多様な学びの情報源になっています。「見える化」は保護者のためにすることが多いようですが、わかりやすさという点では子どもにとっても大きな意味を持っているのです。

（田澤）

##  過去から学ぶ、友達から学ぶ

　小学校ではそれぞれの学習に到達すべき目標が設定されています。そのため、目標に到達したかどうかという結果に教師の意識が向きがちです。幼児期の教育にもねらいがありますが、それぞれの子ども達がそれぞれの道筋をたどって育っていくプロセスを大切にしています。

　小学校低学年の生活科でも、幼児期の教育からのつながりを重視して、このプロセスを評価することを大切にしていますが、駒木教諭は図画工作の学習でも、育ちのプロセスを重視しています。前に作った作品をよく観察して過去の経験から学んだり、何度も失敗しながらどうしたらうまく装置が動くか試行錯誤したりするプロセスを、この実践の前も、そして本実践でも繰り返しているからこそ、新しい活動や難しい課題にも自信をもって取り組めるのです。

　また、駒木教諭は友達同士の学び合いも大切にしています。子ども達が成長する中で、いつまでも教師が子どもを支援していては、子ども達の学びは自立しません。しかし自立した学び手とは一人で何でもできる人になるということではありません。共に学び合う友達同士が支え合い、お互いを高め合っていく、そういう信頼できる人間関係の中でこそ自立した学び手は育まれていくのです。

（吉永）

奥多摩町立氷川小学校（東京都）
安藤浩太

# 国語／読むこと
# 「おおきな　おおきな　かぶ」
## （1年生・7月）

**単元のめあて**
場面の様子について、登場人物の行動を中心に想像を広げ、楽しみながら物語を読むことができる。

光村図書出版『こくご 一 上』に載っている「おおきなかぶ」という物語を国語の授業で取り上げました。
突如教室に出現した大きなかぶをめぐり、どんな学習を行うかみんなで考えました。
クラスみんなで行う劇あそびの他にも、「絵本作り」「劇グッズ作り」などを一人学びで行うことになりました。

## 学習の はじまり

### 授業導入 「ある日、大きなかぶが…」

ある日登校してみると、教室に大きな白いものがありました。不思議に思った子ども達が続々と集まり、ひっぱったり、持ち上げたりしてみます。「これって大根？」「まん丸だからかぶだよ！」「そう言えば、大きなかぶってお話があるんだよ」「あ、お兄ちゃんがやってた」などの言葉が飛び出しました。「読んでみたい！」「このかぶを使っていろいろやりたい」。そんな言葉から学習が始まりました。小学校でも環境構成の工夫をしながら、子ども達の学びが立ち上がる工夫を行っています。

かぶぬきあそび（授業前）

## 学習の ひろがり 1

1時間目の板書

やりたいことを話し合う子ども達

### 1時間目 「どんな学習をするのか考えよう！」

国語の時間に、教師が「おおきなかぶ」の読み聞かせを行い、その後どんな学習を行うかクラスで話し合いました。「幼稚園や保育園でやったように劇あそびをしたい」「続きのお話を考えたい」「劇あそびのためのグッズを作りたい」「上手に読めるようになりたい」「お話の『？』探しをしたい」。たくさんの「やりたい」で溢れました。教師は、『園での経験をもとに、国語の授業という視点から、より豊かに言葉の学びが経験できるようにしたい』と考えました。そこで、「おおきなかぶ」の学習は全部で9時間行い、各授業の前半は『みんな学びで「？探し」と「劇あそび」』を、後半は『一人学びでそれぞれがやりたいことを学ぶ』ことを計画しました。小学校では、子ども達がより自覚的に学べるように学習計画を立て、見通しをもてるようにしています。

## 2時間目「顔は？動きは？劇あそび！」

みんなで始めた劇あそび。小学校の国語では、「言葉をもとにして物語を想像豊かに読んでいくこと」が学習のねらいです。みんなでお話の「？」を解決して劇あそびを行ったり、劇あそびの中で出てきた「？」を解決したりしました。劇あそびをするには、まず準備からです。「劇の役を決めるためには、登場人物を確認しないと！」。子ども達は、お話の中からおじいさんなどの登場人物を探して演じる役を振り分けました。さらに、ナレーター、お客さん役も決まりました。みんなで役を決めて、いざ劇あそびへ。

お話の「？」探し（個人）

かぶの種の大きさはどれくらい？（共有）

「うんとこしょ。どっこいしょ」。みんなの声がどんどん重なって教室に響きます。「とうとう、かぶはぬけました。おーしまい」。1回目の劇あそびが終わり、みんな楽しそうです。しかし、感想を聞いてみると一人ひとり解決したい問題が湧いてきたようです。「ぼくね、お話する人だったんだけど、全然スラスラ読めなかった。気持ち読みも全然だめ」。「あのね、おじいさんとみんな、いっつもニコニコしてたんだけど、それってさ、おかしくない？」「これ、ぬいたのはいいんだけど、その後どうしたのかなって気になった」。「劇見てて、誰が誰だか分からなかった」などなど。それぞれの課題を解決するために、一人学びを行っていきました。

1回目の劇あそび

「劇あそび」後の意見交換

89

## 3〜8時間目
## 「ぼくの、
## わたしの一人学び！」

子ども一人ひとりが、おおきなかぶを通して学びたいことを決め、学んでいきました。音読が上手になりたい男の子は、何人かで集まって読み合い、アドバイスをし合ったり、難しい言葉に線を引いたりしています。この子は家に帰っても練習を続け、次の授業ではナレーターになり、上手に読めたことで満足感を味わっていました。

　教師は「どの活動をしても、言葉の学びになるように表現方法や教師の言葉かけを工夫すること」と、「みんな学びと一人学びがつながるようにすること」に留意しました。

一人学びで「音読」をする様子

「一人学び・音読グループ」読み方アドバイスの時間

## 3〜8時間目
## 「ぼくの、わたしの一人学び！
## 〜かぶのたねってどんなたね〜」

劇がより本物らしくなるように、劇グッズを作り始めた子ども達もいます。最初に気になったのはかぶの種。「わたし調べてくる。図書室に行ってくる」と、とんでいきました。図書室の先生に聞きながら図鑑で調べて「やった。みんな見つけたよ！」といって喜び勇んで帰って来て、すぐにかぶの種を作りました。出来上がったかぶの種は、次の劇あそびから劇グッズとして使われることになりました。同様に、登場人物の劇グッズも作りました。気をつけたのは、「そのグッズを付けることで、どの登場人物だと分かるのか」です。「帽子をかぶればおじいさんなのかな。いや違う。真っ白なヒゲがあるからだ！」。絵ことば辞典も使って、言葉の意味と対象を結び付けながら素敵な劇グッズを作ることができました。

かぶの種を調べに図書室へ！

完成した劇グッズ（犬、ねこ、ねずみのしっぽ、かぶスープ）

## 3～8時間目
## 「ぼくの、わたしの一人学び！
## ～お話の世界をふくらませよう～」

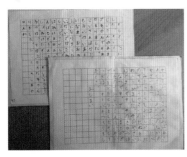

一人学び「絵本作り」

お話の世界をふくらませたいと思った子ども達は、「題名作り」や「台詞増やし」、「続きのお話作り」に取り組みました。そして、自分だけのオリジナル絵本や紙芝居を作りました。教科書をコピーしたものに付箋で台詞を付け足す子、新たなページを付け足す子、文字も絵も全てオリジナルという子もいました。とても面白いものができたので、みんなで行う劇あそびにも自分達が考えた台詞を増やしてより面白いものにしていきました。お話の題名や続きのお話は何種類もあったので、みんなで読み合い、投票して1つのお話にまとめていきました。続きのお話ができたことで、劇グッズグループは新たなグッズを作ったり、お話をする人（ナレーター）グループがその部分の読み方を工夫したりしていきました。

## 9時間目
## 「クラスのオリジナル劇
## 『おおきな　おおきな　かぶ！』」

劇あそびでもみんなで考えて、工夫していきました。劇の中で6回繰り返される「うんとこしょ。どっこいしょ」という台詞の声の大きさはどう言ったら良いのか。また、それぞれの場面での登場人物の動きや表情についても、自分たちの生活体験からどう演じるのがふさわしいか話し合いました。そしてついに、一人学びで学んだことと、みんな学びで学んだことを注ぎ込んで、クラスオリジナルの「おおきなおおきな　かぶ」の劇あそびを行いました。子ども一人ひとりが、授業を通して学んだことを振り返り、自分の成長に気付いていました。

一人学びを活かした最後の劇あそび！

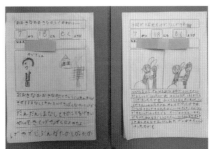

振り返り

**単**元の振り返り
「おおきなかぶ」の劇あそびや一人学びといった活動を通して「言葉に着目しながら読み深める姿」や「物語の世界に入りながら豊かに想像を広げ、物語を楽しむ姿」が見られました。

**子**どもの振り返り
「おおきなおおきなかぶ」で最初はあんまり劇がすすまなくて、劇が本物っぽくなかったけれど、みんなで話して一人学びもやって、そのことを劇でしたら、劇が本物っぽくなったよ。とっても楽しかった。

# 学習活動・学習環境の工夫

　学びや学びたいことは、自分(達)で決めて、創り上げていくものだと私は考えています。学ぶ内容や方法が事前に決まっていて、それを教師から与えられるだけの学習に、子ども達は学ぶ意味や価値を見出すことができるのでしょうか。そこに、ワクワクはつまっているのでしょうか。教師の文脈に沿った与えられた学びは、学習効果も低いことが様々な研究からも明らかになっています。

　だからこそ、学習は子ども達の学びの文脈に沿って、展開されるべきだと思うのです。具体的には、学びが子どもの興味関心や日常生活とつながっていたり、学んだことで日々のくらしが豊かになったりする学習のことです。そこには、ワクワク・ドキドキがあり、子ども達の目の輝きがあります。幼児教育では、保育者の「的確な見取りと言葉かけ」、「豊かな環境設定」によってそのような学びが日々展開されています。

　小学校でもワクワク・ドキドキする学びが展開されるよう、幼児教育の視点を大事にしながら日々実践を行っています。ここでは、「自己決定できる学習環境の工夫」について紹介します。

　やりたいことをやれる、その時に本気の熱は生まれ、人は躍動的に学び始めます。そのために、クラスで毎朝行っているのが「サークル対話」、子ども達の言葉でいうと「お話タイム」です。登校して一段落すると、ぐるっと椅子を並べて円になります。時間が来たらその日のリーダー(日直)が司会になって話し始めます。主な内容は2つ。①「話したいこと・紹介したいこと(もの)」と、②「今日どんなことを学ぶか」です。

　① では昨日あった楽しいことや悲しかったこと、不思議に思ったことを、時に実物を交えて自由に話します。ある時は貝殻を持ってきて、旅の思い出を話し始めます。ある時は、「この本面白かったの」と本の読み聞かせが始まることもあります。ある時は、虫の抜け殻を持ってきて教室を飛び出し、みんなで探しにいくこともあります。対話ですから、一人ひとりが話している子のことを言語的にも身体的にも肯定的に聞けるよう、教師はゆるやかに言葉かけを行います。

　② では、時間割にある教科を見ながら、「昨日国語では、〇〇やったから続きのことをやりたい」など、やりたいことを出し合います。同じ教科でやりたいことが複数出た場合は、どれにするかをみんなで話し合って決めていきます。

　①と②はかかわりあっていて、「粒の大きさが違う雨が降ってたから生活科で雨のことを調べたい」と、①で紹介したことから②の学びが始まることもあります。逆に「昨日の国語でやった絵本の続きを家で書いたんだけど」と発表することで、教科の学びが深まることもあります。サークル対話という時間や場所の設定により、子ども達は日常生活から問題を見つけて自分達で学び始めたり、教科の学習でも何をどのように学ぶか自己決定しながら、主体的に学ぼうとしたりします。「サークル対話」の時間と場所。そこは、子ども達にとって生き生きとした学びが生まれる場であり、教科での学びが深まる場であり、日常の生活と学習が結び付く場でもあります。

サークル対話「紹介したいなこんなもの」

サークル対話「写真絵本の読み聞かせ」

## 教師（保育者）が楽しい＝子どもが楽しい

「ある日登校してみると、教室に大きな白いものがありました」から始まります。国語の事例なのに、授業の時間を飛び越えたところから始まっています。白いもの（かぶ）はもちろん担任の教師が用意し、授業のねらいや目的があって置いていますが、なによりも先生自身が楽しんでいる感じが伝わってきます。「登校してきた子ども達はどんな反応をするだろうか？」「ここから子ども達はどう思考を広げていくんだろう？」と先生自身がわくわくしながら準備をしている姿が目に浮かぶようです。

子どもが何かに意欲的に取り組むには「楽しい」という思いが大事で、これが原動力になります。それは子どもだけでなく大人も同じです。だからこそ、教師自身が楽しんでいる授業は子どもも楽しく感じるでしょうし、子どもの「楽しい」と教師の「楽しい」がシンクロすると、相乗効果で学びの質がさらに高まることでしょう。

子どもだけでなく大人も楽しむのは保育でも重要です。楽しいを子どもと共有することもしかり。だからこそ保育者にも教師にも、子どもとの生活を楽しめるような余裕が必要です。

（田澤）

## 小学校ならではの自覚的な学び

あっと驚く「おおきなかぶ」の出現。「これ、なんだろう？」「読んでみたい！」と子ども達を主体的な学びに誘っていきます。

クラス一斉に同じお話の読み聞かせを聞いたり、物語の学習をしたりすることは、一人ひとりが自分の読みたいお話を読むのとは違い、子どもにとってはみんなで読む必要性を感じにくいものです。保育者や教師も導入の際、つい「今日はこのお話を読みます」と読み聞かせや学習を一方的に提案せざるを得ないことがしばしばあります。

一方、安藤教諭は、乳幼児期に十分な読み聞かせをしてもらい、お話が大好きな子ども達に育っていることを前提にしながらも、巨大なかぶを教室に登場させることで「おおきなかぶ」にまつわるこれまでの子ども達の経験や思いを引き出し、子ども自ら「読んでみたい！」となっていく導入の工夫をしています。さらに、幼児期のように1回読み聞かせをしたり、劇あそびをしておしまいなのではなく、子ども達自ら「オリジナル劇をつくる」という目標とそこまでの学習計画を立て、みんなで何度もお話を読み、活動を工夫したり、一人で疑問について考えを深めたりしながら学習を進め、子ども自身が自らの成長に気付けるような振り返りを行っています。幼児期の学びから一歩進んだ小学校の学習につなげていくには、こうした自覚性の促しや、子ども自身が見通しをもって学習に主体的に参加できるようにすることが大切なのです。

（吉永）

## 算数／かたちあそび
# 「かたちをつくろう」
### （1年生・9月）

**単元のめあて**
身の回りから集めた箱を用いていろいろなかたちを作り、説明する活動を通して、形の特徴や形の機能的な性質を捉えることができる。

1年生の児童は、これまでに、積み木や箱などを使って様々な形を組み合わせてあそぶ経験をしてきています。「かたちあそび」では、このような児童の生活経験と算数の学習をつなげていくことを大切にしました。
実際に箱でものを作り、気付きを共有する中で、ものの形に対する親しみと関心が高まる様子が見られました。

---

**学習の
はじまり**

### 「どんなものが
### できそうかな？」

みんなが家から持ってきて、集まった箱。一つ一つ見せていき、いろいろな形の箱があることに気付かせます。「今日は、これを使って、いろいろなものを作ります」。でも、ルールがあります。のりやテープなど道具は使いません。箱は開かず、そのまま使います。「どんなものができそうかな？」「階段！ だって作ったことあるもん」と、これまでの経験から語る子。「スカイツリーができる。これと、これを積み重ねて……」と、細長い箱からイメージして語る子。「これは、救急車の上の（ランプ）にできる」。箱の形と色からイメージして語る子。何も思いつかない子。様々な子がいます。

---

**学習の
ひろがり
1**

## 1時間目前半「イメージをふくらませよう」

だれもがイメージをふくらませられるように作ったスライドをみんなで見ました。題材は、子ども達に気付かせたい形の特徴や形の機能的な性質（転がる形、積み上げることができる形など）につながると思われるものを選びました。

スライドを見ている様子

**まちに でかけよう！**

**どんなものが あるかな？**

スライド

まずは、空から町を眺めます。「あ！東京タワーだ！行ったことある！」。東京タワー、スカイツリー、ランドマークタワーが見えてきました。今度は、学校のすぐそばの青梅街道です。いろいろな車が走っています。他にも駅（電車）、動物園（いろいろな動物）、公園（すべり台やジャングルジム、大きな階段）など次々に映していきました。イメージがふくらんで早く作りたくてたまらない子ども達。班ごとに、いろいろな形の箱が入った大きな袋を渡しました。

袋から箱を出している様子

学習の
ひろがり
2

## １時間目後半 「箱を使って、いろいろなものを作ってみよう」

いよいよかたち作りを始めます。「何を作ろうかな？」。箱の形を見ながら、想像をふくらませます。

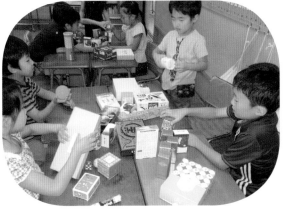

「できた！」すぐに、あちこちで、かたちができ上がっています。これは、パトカーかな。色に関係なく、形に着目して、ランプに小さいサイコロの形を使ったり、筒の丸い形をタイヤにしたりと、形の特徴を上手に使っています。同じ大きさの筒がなくて、なかなか安定しません。どうしたら、バランスがとれるかなあ。試行錯誤しています。

駅ができました。筒の形は、縦に使うと積み重ねることができます。同じ高さの筒がなかったので、小さいサイコロの形を使って、高さの調節をしています。

きりんです。同じ大きさの細長い箱を４つ、あしにしています。胴体や長い首、顔、耳は、形の特徴を上手に生かしています。それぞれの袋には、同じ大きさで同じ形の箱を入れておきました。動物やタイヤなど、同じものを使うというくふうを引き出すためです。

すべり台です。「どの形がうまくすべるかな」。いろいろ確かめています。「サイコロの形もよくすべるよ」「よく転がる形はどれだった？」「ボールはよく転がった」。すべると転がるの言葉の違いはとても大切です。奥にある筒の形はどうだったのでしょうか。

どの児童も、作っては壊しを繰り返し、次々といろいろなかたちを作っていました。この児童は、初めは、階段を作っていましたが、タワーを作っている友達の様子を見て、箱をどんどん積み重ねて階段を高いタワーに変身させていました。

このような活動を通して、形の特徴や形の機能的な性質について体験的に捉えさせていきました。この段階では、まだ、子ども達は無自覚に形と付き合っています。作っている最中には、「どうしてこの箱を使ったのか」「どんなくふうをしたのか」などと問い、形に対する子ども達の気付きを促していきました。

## 2時間目前半 「くふうしたところを 説明しよう」

作ったものやくふうしたところを説明する活動を通して、形の特徴や機能的な性質を捉えさせていきます。ここで共有した気付きを、後でもう一度行うかたち作りに生かしていくことを期待しました。「学習のひろがり2」の活動中に写真を撮っておき、スクリーンに映して、それぞれが作ったものを見ながら気付きを共有できるようにしました。

タブレットで子どもの活動を写真に撮っておく

スクリーンに作ったものを映して説明

# 1年1組では…

板書①スカイツリー

細長い箱を縦に使ったこと、上にいくほど、細くなるように箱を選んだことを説明しました。聞いていた児童は、「細長い箱は横に使った方が安定するけれど、縦に使った方が高くなる」ことに気づきました。

板書②くるま

タイヤは、転がるように筒の形を横にしたこと、車体には、太くて平べったい箱を使ったことを説明しました。ここで、先ほどのスカイツリーのてっぺんの筒の形は縦に使えば積み重ねることができるけれど、横に使うと転がることを確認しました。

あしに同じ箱を4つ使って、高さがそろうようにしたこと、体の部分に合わせて、大きい箱、細長い箱、小さい四角などを使ったことを説明しました。形の特徴を上手に使っていることを確認しました。

板書③うま

板書④すべり台

坂を作るのに、高くなるように箱を重ねたことを説明しました。「何をすべらせたのか」問うと、「サイコロやボール」という答え。よく転がるのは何か、さらに問うと「ボールはよく転がる」と他の子が気付きました。「それだけ？」「これも、横にすれば転がるよ！」と筒の形を見せてくれました。改めて、筒は向きによって、積み重ねることもできるし、転がることもできることを確認しました。

## ２時間目後半
## 「見つけたくふうを生かして、もう一度作ってみよう」

箱形や筒形は、重ねて積み
上げることができることや、
大きい箱から順に使うと安
定することを捉えた児童は、
友達と協力して、もっと高
いタワーを作ることに挑戦
し始めました。「床で作っ
てもいいよ」「椅子に乗って
もいいよ」と声をかけると、
さらに張り切ります。

上手にできて大満足

最後にもう一つ！

転がる形とすべるだけの形があることに気付いた児童は、ど
の形が転がりやすく、どの形はすべるだけなのか、いろいろ
な形で確かめていました。

すべり台を作って、転がる形を確かめている様子

## １年２組では…

同じ授業を隣のクラスでも行いまし
たが、「学習のひろがり２」の段階で、
箱を積み重ねることにあちこちで挑
戦していました。どの形が重ねて積
み上げやすいかは、これまでの体験
から獲得しています。でも、車やす
べり台を作っている児童は少なく、
転がる形には、関心をもっていない
様子が見られました。

タワーを作る①

タワーを作る②

板書⑤

そこで、「学習のひろがり３」では、筒形の特徴や機能について、気付かせていこうと考えました。

すべり台です。ピンポン玉を転がしたら、よく転がったことを説明できました。「転がる形は、ボールの形だけかな？」と全体に投げかけます。児童は、目の前にある箱を手に取って、確かめ始めました。そこで、筒の形に気付いた児童が「これも、転がる！」とポテトチップスの筒をみんなに見せました。さらに、「マーブルチョコも転がるよ」と他の筒の形にも気付きました。

転がる形に着目した児童達は、「学習のひろがり４」では、転がすことに夢中になりました。もちろん、もっと高いタワーに挑戦する児童もいました。

車

タワー

すべり台

筒を３つ転がす様子

「発表したい！」という児童の声から、最後に、もう一度、みんなに作品を紹介しました。「さっきよりも、形のことがよくわかって、もっと上手にできた」という気持ちは、今後の学習への意欲にもなります。

発表の様子

**単元の振り返り**
このように、形のもつ特徴や機能的な性質を自覚的に用いて、目的を達成する活動を行うことで、より形についての感覚を豊かなものにしたり、図形に親しみを深めたりする力が育まれました。１年生では、図形でも数でも何となくできていることを、具体的に操作をしたり説明したりする活動を通して、確かな理解へと導いていくことが大切です。

**子どもの振り返り**
箱をどんどん積み重ねて、すごく高いタワーができて、うれしかったです。工夫して（形の特徴を生かして）、いろいろなものを作って、楽しかったです。

# 学習環境の工夫

## ノートの使い方「ナンバリング」

　学習はつながっているという意識をもたせるために、教科ごとに毎時間ナンバリングをしています。利点はいくつかあります。

### ●既習事項を生かして解決できる

　算数では、既習事項を基に問題解決をする場面が多くあります。ナンバリングしておくと、「第〇回の考えを使って…」というように、どの既習事項を基に解決したのかが明確になります。また、前回までの学習との共通点、相違点を明らかにでき、よりよく理解することにもつながります。

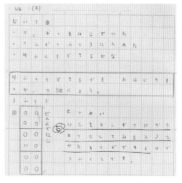 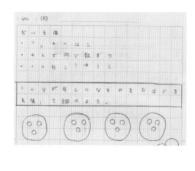 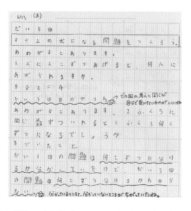

### ●前の時間にもった疑問や問いから授業をスタートできる

　理科の「昆虫のからだのつくり」で、チョウやトンボについて調べた児童が、「他の昆虫も、同じかな？」と疑問をもちました。もっといろいろな昆虫のからだのつくりを調べて確かめたいというのです。そこで、その疑問をノートに書き、次の授業に生かしました。

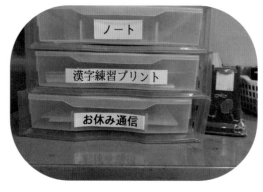 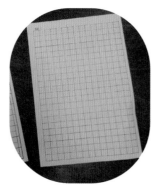

ノートを忘れたとき用のプリント。後でノートに貼り、毎時間のノートがつながるようにします。

## 貸し出し用文具

　物の整理が苦手な児童は、よく物をなくします。授業の途中で、「消しゴムがない！」となると、友達に借りるなどして授業に遅れていきます。そこで、教室には、「貸し出し用」という引き出しを用意しています。その中には、授業でよく使うものが常に入っています。子ども達には、授業中にないことに気付いたら、断りなく自分で取りに行くよう約束しています。整理整頓が苦手、忘れ物が多いというだけの理由で、肝心の授業で十分に力が発揮できないと、学習意欲が低下してしまうだけでなく、自分は勉強が苦手だと思ってしまいます。誰もが授業で自分の力をしっかり発揮できるような環境作りを大切にしています。

## 教科の枠を超えて

　1年生の算数の事例ですが、写真だけを見ていると図画工作の授業にも見えますし、子ども達が説明している場面は国語にも生活科の授業風景にも見えます。この事例は従来の算数の授業のイメージとはずいぶん違いますが、この事例のような授業の方が子どもの心が動くのではないでしょうか。

　算数や国語といった授業の枠は大人が決めたものですが、子ども達はその枠を軽々と超えていきます。その超えていく子ども達の心を受け止め、さらに広げているのがこの事例と言えるでしょう。

　乳幼児の子ども達のあそびも、大人が決めた枠を超えていきます。たとえば、お店屋さんごっこでメニューを書いたり、お金の計算をしたり、売るものをつくったり、実際のお店を見に行ったりと、小学校の教科でいえば、国語、算数、図画工作、生活科の要素が渾然一体となっています。カテゴリーに分かれていないからこそ、あそびの中で自由にいろいろなアイデアが出てくるのかもしれません。

　そうであれば、小学校でも教科を分けない方が自由に学習出来るのかもしれません。この事例のように教科の枠を飛び越えるからこそ、子ども達は自由な気持ちで学びに意欲的になるのでしょう。

（田澤）

## 子どもの「やってみたい」気持ちを膨らませる導入

　全員が到達目標に向かって学ぶ小学校では、導入の時間が重要です。増本教諭の実践もそうですが、本書の小学校の先生方の実践は、導入の大切さが共通して見えてきます。子どもの「やってみたい」気持ちを膨らませる導入と取り組みたくなる学習活動の工夫、その工夫に触発されて「やってみたい」という言葉が子どもから出てくるのを待つ時間。教師から押し付けられた学習ではなく、子ども自身がやってみたい主体的な学習になるには導入の時間が欠かせません。

　増本教諭は導入で、街の中にある様々なかたちの写真をたくさん見せています。一人ひとりがイメージを広げ、安心して学習に取り組めるようにしているのです。また子どもに配る箱の数やかたち、大きさに制約を加え、試行錯誤のプロセスを生みだしています。制約は、挑戦や試行錯誤を生み、この試行錯誤の成果とそのプロセスで気付いたことを共有することで、子ども達はかたちの特徴や機能的な性質を捉えられるようになっていきます。

　さらに本実践は、幼児だけでなく、小学生でも、小学校でも子どもによって気付きや目標に到達するまでの道のりは異なるということ、教師は子どもの実態に合わせて学習計画を柔軟に変更する必要があることを教えてくれます。楽しくあそんでいる中にも学びが生じるには、教師が一人ひとりの興味や学びの状況を把握し、全員が確実に到達目標を達成するように支援することが大切なのです。

（吉永）

小平市立小平第十小学校（東京都）
井上陽童

## 国語／話すこと・聞くこと
# 「自分の好きな〇〇サイコロで語り合おう」
（3年生・6月）

**単元のめあて**
観点をもとに、自分と好きなもの・こと・人とのつながりを言語化することを通して、自分の好きな〇〇に対する思いを発見することができる。

人は誰でも、自分の好きなことについて語る時は笑顔になり、言葉数も多くなります。
もし、自分の大好きなモノ・人・ことが描かれたサイコロがあったら？
そんな思い付きを形にしたら、子ども同士でじっくり語り合う姿が生まれました。

**学習の
はじまり**

担任の「自分の好きな〇〇サイコロ」でクイズ大会に！

## 1時間目
## 「自分の好きな
## 〇〇サイコロ登場」

クラス替えをして2カ月が経ち、クラスの雰囲気や新しい友達にだいぶ慣れてきた子ども達。けれども毎朝行う日直のスピーチでは、話を短く切り上げてしまったり、日直が話していてもあまり聞いていなかったりする姿が見受けられました。そこで本単元スタート！「自分の好きな〇〇サイコロ」担任バージョンを作って子ども達に見せたところ、「ぼく、先生の好きなもの分かる！」「私、分かった！答えたい！」と大騒ぎになりました。

「自分の好きな〇〇サイコロ」

好きなことは…

好きな食べ物は…

**学習の
ひろがり
1**

## 2時間目「自分の好きな〇〇サイコロを作ろう」

2時間目板書

自分の「好き」を
掘り下げる姿

子どもの「好き」の
マッピング

担任の好きな〇〇クイズが一段落したら、子ども達から「サイコロを作りたい！」という声がたくさん聞こえてきました。そこでまず、「自分の好きな〇〇」を紙に書き出しました。次に、書き出した〇〇ごとに自分が好きな理由を詳しく振り返っていきました。「好き」という言葉は抽象的です。ですから、自分の「好き」をじっくり見つめ、深めていくこの時間が実はとても重要なのです。

### 3・4時間目
### 「自分の好きな○○サイコロ完成！　作ったらあそぼう！」

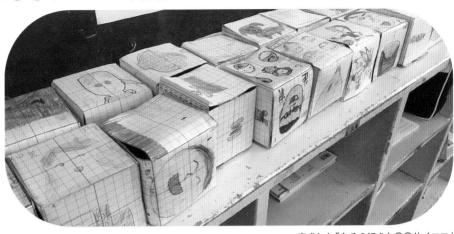

完成した「自分の好きな○○サイコロ」

自分の顔と好きな○○を6面に配置

自分の「好き」について掘り下げた後、サイコロの6面に入れる絵を決めます。自分の顔の絵は必ず入れることにして、自分の好きなもの・人・ことの中から5つを決めたら、サイコロ用の画用紙に絵を描いていきました。完成した子は、そのサイコロを使ってそれぞれ自由にあそび始めました。サイコロ作りとサイコロあそびの時間は、図工の時間として取りました。

サイコロであそぶ様子①

サイコロであそぶ様子②

### 5時間目
### 「自分の好きな○○サイコロで語り合おう」

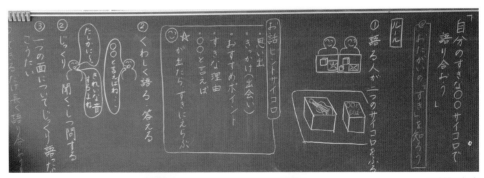

5時間目板書

全員のサイコロが完成し自由にあそんだところで、教師から「サイコロトークをしませんか？」と投げかけると、「やりたい！」とみんな賛成してくれました。そこで、教師があらかじめ作っておいた「お話ヒントサイコロ」と「自分の好きな○○サイコロ」の2つを使い、ペアになってサイコロトークをしました。

お話ヒントサイコロ

## 6時間目前半
## 「友達の姿から学ぶ①」

前の時間、相手の話を興味をもって聞く姿はどのペアでも見えました。けれども、本単元のねらいである「じっくり語り合う」姿まではあまり見られませんでした。そこで、「これぞ、じっくり語り合っている！」ペアのやり取りを、字幕と音声のみの1分ほどの動画にして見せたところ、これが大正解！　子ども達は、動画を食い入るように見つめそのペアの良い点にたくさん気づいていました。

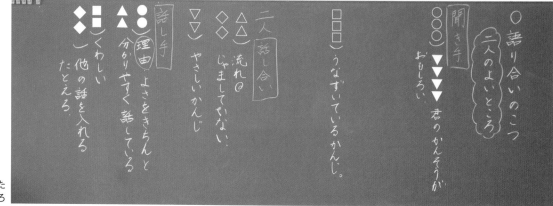

A子）しつ問や,かんそうは,
ありますか？
B男）かんそうです.
かんそうなんですけど：,
図工きらいです.

じっくり語り合うペア動画

子ども達が気付いた
友達ペアの良いところ

## 6時間目後半
## 「自分の好きな
## 〇〇サイコロで語り合おう②」

授業の前半で、友達ペアの動画を見て気付いた良い点を出し合ったことで、子ども達一人ひとりに「じっくり語り合う」イメージが生まれました。その後、2回目のサイコロトークをしたところ、どのペアも1回目よりもじっくり語り合う姿が見られました。

サイコロトークの様子

## 7時間目前半「友達の姿から学ぶ②」

学習の
ひろがり
6

本単元の最後の授業です。教師は、前の時間に素敵なやり取りをしていた新たなペアを選んで、動画②を作っておきました。すると、子ども達の方も心得たもので、「今日は、どのペアのやり取りが見られるのかな？」と楽しみに待っている姿がありました。前回のペアとは違った良い点にもたくさん気づくことができました。

動画を見て学ぶ子ども達

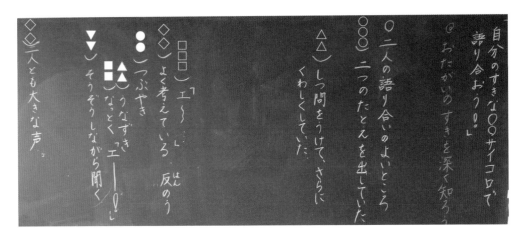

子ども達が気付いた
友達ペアの良いところ

学習の
ひろがり
7

## 7時間目後半
## 「自分の好きな〇〇サイコロ　単元をふりかえろう！」

授業後半は、テーマ「自分の好きな〇〇」で最後のサイコロトークです。どのペアも、本当に楽しそうにじっくりと語り合っていました。そして、授業の終わりに本単元の振り返りをしました。

サイコロトークの様子

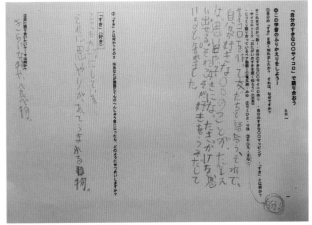

ある子の振り返り

**単元の振り返り**
それぞれの活動を通して「自分の『好き』を理解し深める姿」や、友達の好きについて知ることで「友達の新たな一面に気づく姿」「語り合いの場自体を意識しその価値に気づく姿」が見られました。

**子どもの振り返り**
「サイコロを作って友達と語り合う。それで、自分が好きな〇〇のこと～例えば、思い出や好きになったきっかけ～を思い出せる。それこそが、好きを生み出していると知ることができました。

# 「学習環境デザイン」

## ①コの字型の机並び

どの学年でも基本的に、この机の並びで授業をしています。良い点はたくさんありますが、1番は「学び合い」が自然に生まれる点です。黒板に向かって教師の顔ばかり見ていても、良い学び合いは生まれません。友達と向き合い考えを伝え合う環境の中で、良い学びが生まれるのです。

## ②教室の後ろのスペースの活用

机の並びをコの字型にすることで机同士が密着し、教室の後ろにスペースが生まれます。常に、その空間を最大限に利用しています。保護者の方の読み聞かせの時は、その場所が読み聞かせスペースに早変わり。また、ホワイトボードを用意し教材文を拡大して壁に貼れば、国語の授業ができます。授業は、黒板や教科書がなくてもできるのです。

## ③ポカポカコーナー

体育館などにあるひな壇を運んできて、子ども達と一緒に作ります。クッションとござを敷いたら出来上がり。休み時間はくつろぎの場所として、授業では交流の場所として機能します。ちょっとケンカをしてしまった子のクールダウンの場所としても役立ちます。

## ④ソファー

教師の自宅で使わなくなったものを持ち込みました。子ども達が大好きな場所の一つです。

## 小学校教育と幼児教育の共通項

　本書の中では一番高学年となる３年生の国語の事例です。子ども達の描いている絵やしていることのレベルの高さは、さすが３年生ならではです。けれど、乳幼児期と共通している部分もあります。それは、子ども達がわくわくしながら授業を楽しんでいること、そして人と関わり合いながら育っていく姿です。

　担任の先生バージョンのサイコロを見たときに大騒ぎになった子ども達。サイコロを作って自由にあそび始める子ども達。そしてサイコロで語り合う子ども達。これらの子ども達の姿はやらされているのではなく、わくわく心が動いているからこその姿、乳幼児期にも大切にしたい姿です。

　また、この事例では、様々な人との関わり合いが見られます。先生バージョンのサイコロで大騒ぎになるのは、先生が好きという子どもと教師の間の信頼関係が根っこにあるからです。また、相手の話を興味を持って聞く、相手の好きなものを知ることを喜ぶ、などの姿も自分以外の仲間を大切に思う気持ちがあるからで、乳幼児期から大切にしたい心情です。

　小学校教育と幼児教育との共通項はたくさんあります。それは、教育という営みの基本はゆるぎないものであるからに違いありません。

（田澤）

## 合科的・関連的な指導

　教師が子ども達の育ちをよく見取り、今ここが伸びそうだ、伸びてほしいという願いをもって指導している実践です。子どもの今伸びゆくところに必要な支援をし、伸ばしていくことを「足場かけ」と言います。本実践では、子どもが関心をもてる導入や、自分の「好き」と向き合うためのマッピング作り、友達と対話を促進する国語のサイコロトークと、自分達の学びを振り返る動画視聴といった言葉の育ちを促す言語活動を取り入れています。また、サイコロ作りやサイコロあそびなど図画工作との関連的指導も行っています。こうした細やかな「足場かけ」があるからこそ、子ども達は「やってみたい！」と学習に主体的になり、集中して自分に向き合い、友達に深い関心を寄せて対話ができるようになっていくのです。また、友達の対話の様子を観察することで、自らの学習を振り返り、学びを深めていくことができたのです。

　スタートカリキュラムに限らず、低学年、さらに中学年以降も、主体的・対話的で深い学びを通して資質・能力を伸ばすためには、子どもが夢中になれる、楽しく、そして子どもにとって学ぶ意義の感じられる言語活動の工夫や、学びの目標や内容に合わせた合科的・関連的な指導をしていくことが大変重要なのです。

（吉永）

# これからの幼児教育、これからの小学校教育

司会　田澤里喜（玉川大学教育学部乳幼児発達学科准教授、学校法人田澤学園東一の江幼稚園園長）
坂本喜一郎（社会福祉法人たちばな福祉会RISSHO KID'S きらり&分園ポピー園長）
寳來生志子（横浜市立池上小学校校長）
吉永安里（國學院大學人間開発学部子ども支援学科准教授）

## 主体的に学ぶ子どもの姿が
## いっぱいの実践例

**田澤** 今日は幼児教育を代表して坂本喜一郎先生、小学校を代表して寳來生志子先生においでいただきました。まず、この本に載っている実践例をお読みになっていかがでしたか？

**寳來** 幼児教育はおもしろいなって一番に感じました。こんなにきらきら毎日生活していた子たちが来ることを、小学校の先生はしっかり受け止めなければ……。幼児教育では一人ひとりが自由に学んでいるのに、小学校教育はいまだに型にはめがちだと思うんです。幼児教育の事例を読んで、生活科の上を行っているようにも感じました。だから小学校の先生みんなに読んでほしいと思いました。

**坂本** 寳來先生もおっしゃいましたが、この本には、興味を持ったことをもっと知りたい、やりたいという経験を通して、小学校の生活科を超えてしまうくらいの深い学びをしている幼児達の姿が描かれていますよね。それと同時に、そうやって育ってきた子どもたちを歓迎して、さらに主体的な学びができるように工夫している小学校の先生方の実践も紹介されています。幼児教育と小学校教育のスムーズな接続とはどういうことなのかが、わかりやすくまとめられています。

**田澤** 寳來先生も井上先生も、主体的に学んでいる幼児教育の実践を評価してくださいましたが、実際にはそうではない保育をしている園もありますが。

**坂本** でも、最近すごく手応えを感じているんです。キャリアアップ研修の講師をしているんですが、参加される先生達がどうやったら保育を変えられるかを本気で考えていらっしゃいます。真剣に学ぼうというエネルギーを感じるんですよ。

**吉永** 私も研修の後、帰りの電車の中で「私は今まで、こんな保育はだめだと言われ続けてきたけれど、今日の研修で自信が持てた、来てよかった」と熱く語られたことがあります。皆さん、ほんとうに頑張っていらっしゃいますよね。

田澤里喜

田澤　寶來先生は、いろいろな幼稚園、保育園の現場も見ていらっしゃいますが、いかがですか。

寶來　私は、横浜市の園内リーダーの育成研修に関わったことがあるんです。最初は園長先生に指名されてというような動機で出てきても、研修で学んだことを園で実行すると、子ども達の姿が変わっていくんですね。初めは小さな点かもしれないけれども、ある人がやり出して、それを他の先生もまねして広がっていく。子どもが変わると自分に自信がつくし、保護者も喜ぶし。そういう良い変化を何度か見てきています。

吉永　幼児教育も小学校も、内側から変えていくぞというエネルギーと、縦でつながって変わっていくことが必要だと思います。この間も校長先生たちにお話ししたんですけれど、幼児教育が今、変わろうとしていますが、逆に小学校のほうが、スタートカリキュラムをよくわかっていないことがある。やっぱり縦のつながりを考えたとき、受け入れる側が変わることが、強く求められますよね。

## 接続のキーポイントとは？

田澤　幼児教育と小学校教育が接続していくということを、どうお考えですか？

坂本　私は相模原市の幼保小連携に関わってきましたがやっぱりお互いの姿を知ろうと思わない限り連携はできない、というのが実感です。最近は夏休みなどに、小学校の先生が園にあそびに来て、保育に入ったりしています。私の園はプールがないので、電車で江の島に行って子ども達と泳ぐんです。保育園の子ども達がシュノーケルをつけて、普通に泳いでいるんですよね。それを見て、小学校の先生は「ぶったまげました」みたいな感想を書くんです。でも、ぶったまげた

ままではなくて、幼児でここまでできるなら小学生はもっとできてあたりまえと、2学期になって研究授業等見に行くと、めちゃくちゃ楽しいことをやっているわけですよ。やっぱりお互いを知ると相乗効果で、うまく接続していけるようになると思います。

田澤　お互いの姿を知るためには、先生同士が知り合うことが一番、ということですね。寶來先生はいかがですか？

寶來　お互いを知るのが大事だということは、その通りだと思います。2年生と年長さんで一緒に秋のお祭りをしましょうということになり、幼稚園の先生と打ち合わをしたんです。そうしたら、幼稚園の先生に、「小学校と幼稚園が交流会をすると園児はお客さんになることが多いけれど、園児の中にはお店屋さんごっこの売り子がしたい子もいるんですよ」って言われてはっとしたんです。やってあげることが良いことと勝手に思い込んでいて、望まれていない連携をしていたのかなって。

園児を招いて、学校探検をしますよね。2年生がバスツアーのガイドさんみたいになって「ここが図書館です、ここが給食室です……」って園児を案内して回るんですが、案内する側もされる側も全然面白くなさそうなんです。さっさと終わってしまったので、その後図書室で本を読んであげることになったのですが、「どんな本がいい？」と2年生

吉永安里

が年長さんのリクエストを聞いたりしていて、とっても良い雰囲気になったんです。相手の望みに応えてこその連携なんだとあらためて思いました。

吉永　お2人の話をつなぐと、キーワードは「リスペクト」と、「前例を疑え」でしょうか。幼児教育とはこうだから、小学校教育はこうだから、とか、去年こうしたから、ではなくて目の前の子ども達が何を求めているのか、子どもたちの思いを大切にしたいですね。交流会ひとつとっても、子ども達に、自分は小学校に上がるときにどんなことが不安だったのか、どんなことが知りたかったのかを聞いても良いでしょうし。今度入って来る子たちはどうなんだろうねと先生同士、大人同士、子ども同士、心を寄せ合っていくことが必要だと思います。

田澤　私の園でも、小学校ごっこがしたいという子がいて、じゃあ、小学校を見学しようっていうことになったんです。近所の小学校の副校長先生が案内をしてくださったのですが、子ども達が一番感動したのが給食室のエレベーター。次が音楽室のショパンの絵でした。子ども達が何に興味を示すかなんて、いくら大人が想像してもわからないですね。では、これからの保育、教育についての思いをお聞かせください。

## これからの保育者・教師の役割

坂本　私が大事だと思うのは「保育者や教師の姿勢」ですね。みんなやる気はあるし、真面目だし、努力家であることは事実なんですが、多分、姿勢が違うと思うんです。私も昔そうだったんですが、教師や保育者になろうという人は、元々優しくて親切な性格だから、「子ども達に何かをしてあげなくちゃいけない」と思っているんじゃないでしょうか。ティーチャーなんだからお世話をしたり、教えてあげなくちゃという思いを無意識に持っていると思うんです。先生が小学生にそういうふうにかかわると、それを見習って、小学生は、自分たちよりも小さい子が来ればやはりお世話するようになります。

でも、これからの教師や保育者としてほんとうに求められるのは、パートナーシップなんじゃないでしょうか。私達はたまたま先に生まれたから先生なわけで、たまたま子どもより長く生きているだけ。だから、けっして完璧ではなくって、子どものほうが知っていることがあるし、できることだってある。こま回しなんて子どものほうが上手ですよね。今までの先生のイメージから抜け出して、一緒に生活する中で、子どもが叶えたい願いや夢を一緒に応援するパートナーであってほしいんです。幼児教育の研修会などでも最初に言うんですよ。「何か皆さん勘違いしていませんか？　良い保育って、素敵な環境を作って、その環境で見事に子どもをあそばせることじゃないんですよ。そうじゃなくて、子どもがかなえたい願いや夢が実現するように応援するパートナーとして何が必要なのかを考えた結果、いろいろな環境が出てきたり、さまざまな援助が出てくるんですよ」と。

寶來　パートナーという言葉、すごくいいなと思

寶來生志子

います。教師はティーチャーをやらなきゃいけないときもあるし、ファシリテーターみたいな役割のときもあるとはよく言っていましたが、パートナーという言葉は新鮮でした。子どもは自分達よりも年は若いけれども、まさしく今を生きていて、同じ人間として尊重しなければならないと、いつも思っています。

私が以前スタートカリキュラムの研修に携わっていたとき、乳幼児があそんでいるビデオを教材にしたことがあります。それを見た教師達は、「子どもがあそびの中でいろいろなことを学んでいることがよくわかった」と話してくれました。幼児はあそんでいるとき、自分の頭でぐるぐると考えていますよね。なのに小学校の先生達は「ぴしっとしている子」や「教師の言うことを聞く子」がいい子と思っている人が多いように思います。そうすると子ども達も「指示に従っていると怒られないからいいや」と考えるようになってしまいます。幼児期には、せっかく考えて学べていたのに、考えないスイッチが入ってしまうのは本当に残念です。小学校側が、「1年生はゼロからスタートするのではない」ことをよく理解し、子ども達が、小学校でも園で学んでいたように過ごして良いんだと思えるようにしていくこと、それこそが接続だと思います。子どもは自分が興味・関心を持ったこと、好きなことをしているときが一番その子の力が発揮されますよね。そんなきらきらしている子のまま育ってほしいです。生活科の解説を読み直しましたが、単元構想の1つ目は、児童の興味関心を把握すること、とありました。

吉永　幼児教育も小学校教育も、今まではこういうものだったという既成概念から離れて、変わっていかなければならないと思います。「主体的・対話的で深い学び」などと言われ

ていても、教科書があるから、教材があるから、とおかしな優先順位で子どもは最後に置かれたまま学習計画が立てられてしまいがちです。クラスの子どもはどんなことに興味があって、どんなことを面白がるのか、からスタートするべきでしょう。せっかく今、合科的で関連的な指導や時間割の柔軟な運用も可能になったのですから、子ども達の資質能力を伸ばすためにはどうしたらよいかを、小学校の先生達には教育のプロフェッショナルとして真剣に考えてほしいです。一方では子ども達のパートナーとして、子どもを尊重することも忘れてはならないでしょう。小学校教育にはいろいろな制約があると思われているところを、抜本的に見直していく。そのためには低学年の教師だけではなくて、小学校の教育全体を見直していくことが必要です。

幼児教育については、今までも質の高い幼児教育は主体性を大切にしてきました。こうしたことの中に、小学校側が学ぶべき大きなヒントが隠されていることを、私はこの本の実践例を読んで強く感じました。そして幼児教育側も幼児教育の良質な部分を維持しつつ、さらなる質の向上のために、幼稚園教育要領、保育所保育指針、認定こども園教育・保育要領をもう一度読み直し、今、大事にすべきことは何かを自己に問い続けることが大切だと思います。

坂本喜一郎

## 田澤里喜
たざわさとき

玉川大学教育学部教育学科教授、学校法人田澤学園東一の江こども園園長。1996年、玉川大学卒業後、玉川学園幼稚部に担任として4年間勤務後、東一の江幼稚園に移る。また同年大学院に進学し、在学中より短大、専門学校の非常勤講師を経て、2005年より東一の江幼稚園と並行して玉川大学教育学部に勤務。2015年、東一の江幼稚園園長に就任。著書に『子ども主体の保育と保育者の役割』（世界文化社）、『保育の変革期を乗り切る園長の仕事術』（中央法規）、『年齢別保育資料シリーズ（3、4、5歳児）』（ひかりのくに・すべて編著）など。

## 吉永安里
よしながあさと

國學院大學人間開発学部子ども支援学科教授。東京女子大学文理学部心理学科、青山学院大学文学部教育学科卒業。東京学芸大学大学院修士課程修了。白梅学園大学大学院博士課程修了。博士（子ども学）。私立幼稚園勤務の後、東京都公立小学校教諭、東京学芸大学附属小金井小学校教諭を経て、現職。著書に『幼児教育と小学校教育における言葉の指導の接続　読むことの指導の差異と連続性から』（風間書房・単著）、『ダイヤモンドチャート法—読みを可視化する方略』（東洋館出版社・単著）、『幼児期の終わりまでに育ってほしい10の姿』（東洋館出版社・共著）など。

表紙・本文デザイン　嶋岡誠一郎

本文イラスト　　　　朝倉めぐみ

編集企画　　　　　　石川由紀子　飯田　俊

校正　　　　　　　　株式会社円水社

あそびの中の学びが未来を開く
**幼児教育から小学校教育への接続**

| | |
|---|---|
| 発行日 | 2020年4月15日　初版第一刷発行 |
| | 2024年3月25日　　　第二刷発行 |
| 編　著 | 田澤里喜　吉永安里 |
| 発行者 | 大村　牧 |
| 発　行 | 株式会社世界文化ワンダーグループ |
| 発行・発売 | 株式会社世界文化社 |
| | 〒102-8192　東京都千代田区九段北4-2-29 |
| 電　話 | 03-3262-5474（内容についてのお問い合わせ：編集部） |
| | 03-3262-5115（在庫についてのお問い合わせ：販売部） |
| DTP作成 | 株式会社明昌堂 |
| 印刷・製本 | 株式会社東京印書館 |

©Satoki Tazawa,Asato Yoshinaga,Sekaibunka Wonder Group,2020.Printed in Japan
ISBN978-4-418-20717-6